少年简读 中国史

夏商周

时 萧 ◎ 著

南京大学出版社

目录

引言　4

【夏】

九州传说：大禹的足迹　7

最早的中国：二里头　13

权力传承：禅让的真相　19

【商】

族群的起源：玄鸟神话　25

迁都为哪般：发现殷墟　31

红妆与武装：妇好　36

诸事问鬼神：甲骨文　42

青铜的颜色：吉金　48

神秘的古蜀王国：三星堆　54

【周】

牧野洋洋：武王伐纣　　　　　　　　61
郁郁乎文哉：周人的礼乐　　　　　　66
比德于玉：美石的价值　　　　　　　71
子子孙孙永宝用：金文　　　　　　　76
烽火戏诸侯：幽王与平王　　　　　　82
圣人与常人：千秋孔子　　　　　　　88

尊王攘夷：齐桓公的功业　　　　　　　94
大器晚成：晋文公的崛起　　　　　　　99
问鼎中原：楚庄王的野心　　　　　　　105
只今惟有鹧鸪飞：吴越争霸　　　　　　111
大秦帝业的起点：商鞅变法　　　　　　116
历史的拐点：长平之战　　　　　　　　122

夏商周大事年表　　　　　　　　　　128

引 言

　　夏商周是中国历史的早期阶段。那时,人们逐渐摆脱了对自然的极大恐惧,把注意力更多地投入人的社会。那时,广袤的中华大地上遍布星星点点的文明火苗,古老的部族互相争斗、交融,建立了最初的王朝。那时,人们仰望满天繁星,用双脚丈量大地河川,把浩瀚宇宙投射到凡俗世界,也让思想上升到高远的星空。

　　这一段历史前后延续了约一千八百年,波澜壮阔,风起云涌。从圣王尧舜禹的传说故事,到被殷墟遗址证实的商王传奇,当牧野之战为周王朝灿烂的礼乐文明奠基,历史从此进入了新时期。周天子的朝堂上,诸侯们恭谨有礼,稳定的天下秩序得以确立。当骊山的烽火燃起,西周王朝崩溃,平王的车驾从关中平原转移到了天下之中的洛邑。文王武王的荣光早已黯淡,天子的威权无声坠地,接下来的五百多年里,广阔的天地成了诸侯们纵横驰骋的舞台。旌旗猎猎,战车隆隆,战士奋勇,骏马嘶鸣,自成势力的春秋大国互相征伐不休,在周天子的旗号下称霸一时。

引　言

到了战国时期，七雄并起，历史进入了白热化的权力争夺阶段，有你死我活的战场，也是人类群星闪耀之时。这是生产大发展的时代，冶炼炉里熊熊燃烧的火焰，让铁器逐渐取代了青铜，人们得以从土地上获得更丰厚的产出，进一步滋养了城市文明，思想也丰富活跃起来。那时，有吴起、商鞅的变法图强，有张仪、苏秦的纵横捭阖，有白起、廉颇的战场交锋，还有诸子百家的思想碰撞，直到大秦帝国一统天下。这一切都深深地烙印在我们的文化里，滋养了中华文明博大深厚的精神气质，至今元气淋漓。

人事有代谢，往来成古今。历史像一条长河，曲折蜿蜒却永不停息。它带走了往昔的荣耀和辉煌，涤荡了千年的热血与悲欢。无论是战场上的喊杀，还是朝堂上的论辩，所有的喧嚣和躁动都归于沉寂。无论是高耸的楼台，还是昂扬的车驾，所有的浮华和绚烂都深埋在土里。那时候，有多少坦荡的胸襟，就有多少阴谋密计，当大国争斗的烽烟消散，奔走争雄的人们也化成了尘泥。然而千百年来，生生不息的人们始终坚守在这片广袤的土地，在这里劳作、生产、奋斗、牺牲，留下了深刻的足迹，也创造了属于自己的传奇。

让我们一起上溯四千年，回到那个遥远的世界，巡礼这段将近两千年的时光，感知中国历史的青年时代。

九州传说：大禹的足迹

尽道隋亡为此河，至今千里赖通波。
若无水殿龙舟事，共禹论功不较多。

这是唐代诗人皮日休所作的《汴河怀古》，他把隋炀帝开凿大运河和大禹的功绩相提并论，可见评价很高。几千年以来，大禹治水的事迹介于传说和历史之间，一直被世人传颂，成为中国文化里人所共知的一个精神标志。

大禹治水

传说在帝尧的时代，天下还没有安定。那时候，人们所掌握的生产力和技术手段都比较落后，在自然灾害面前往往无能为力，只能被动承受，其中最为严重的就是河流改道引发的洪水泛滥。在我国历史上，黄河改道就经常引发水灾，治理水患也是历代都要慎重对待的大工程。泛滥的大洪水过后，野生植物恣意生长，动物也繁衍得十分兴旺，人们的生存环境恶化，农业生产遭受严重打击，粮食供应不上。帝尧非常忧心这种局面，于是启用了舜治理水患。舜委派益管理火，益通过放火烧山来驱逐野兽。大禹则带领人们兴修水利，使诸多河流各归其道。在生产力不够发达的时代，通过集中管理珍贵的生产资源并调配人力，集中力量办大事，可以取得更好的效果。洪水退去后，环境改善，人们才能安心发展生产。据

遂公盨(xǔ) 西周中期青铜器，器铭中有"天命禹尃土，随山浚川"，即大禹治水一事。文物现藏于北京保利艺术博物馆。

说，大禹潜心治水八年，一心扑在工程上，多次经过家门都没有回家。由于治水功绩卓著，大禹受帝舜的禅让继承了帝位，他在阳城建都，开创了夏朝，因此也被后人称为"夏禹"，和尧、舜一起被尊为上古的圣王。去世以后，大禹被埋葬在会稽山（位于今浙江绍兴），当地现在还有大禹庙、大禹陵和大禹祠，历代祭祀不绝。

禹会诸侯

今天，有关大禹的遗迹和传说几乎遍布全国。在安徽省蚌埠市淮河东岸涂山南边不远的地方，有一个名为"禹会"的村子。现如今，它只是中国北方的一个普通小村落，但据传数千年前，大禹正是在这里大会天下诸侯，确立了他部落联盟首领的身份，当时参

与集会的大小诸侯不计其数。

上古时期，人们以血缘关系为纽带群居，部落是基本的社会单位，不同部落之间为了生存或者对抗共同的敌人而形成了联盟，在一个强大首领的领导之下组织生产生活，甚至和其他群体进行战争。20世纪80年代初，禹会村就发现了距今四千多年的新石器时代遗址，考古学家工作多年，找到一处规模很大的盟会场所，认为它和史书记载的大禹盟会诸侯有关联。其中有一个面积达到两千平方米的祭祀台，相当于5个标准篮球场大小，上面有南北长达百米的白土面，是专为开展祭祀活动建造的神圣场地。祭祀台的中线上还分布着烧祭面、方土台、"一"字排开的35个柱坑等附加设施，形成了完整的祭坛，这证明盟会过程中曾经进行过非常复杂的礼仪活动。在台基的西边，有一条百米长的通道，当时，人群从这里进出祭台，有专人进行严密的组织和次序安排，那场景一定是神圣而庄严的。在祭祀台基旁边的祭祀沟里，还发现了大量的草木灰，火烧过的兽骨、磨石、祭祀用具以及专为祭祀活动制作的陶器等物品，这些东西向数千年后的我们展示了当时宏大的祭祀活动的丰富细节。

遂公盨铭文

禹会村遗址发现的陶器造型各异、风格多样，考古学家认为它们包括了相当于今天的河南、山东、江苏、浙江、湖北等地发现的不同古文化的特点。这些陶器都是为了这次盛大的盟会而专门制作的礼仪用具，它们的存在证明曾经有来自各地的人们在这里汇聚，并参加短期的盟会活动。我们知道，陶器很容易损坏，出远门是不适合大量携带的。大概各地首领的随从人员中，有专门制作陶器的工匠，在盟会活动期间，匠人们会为参加祭祀而专门制作具有各自风格的器物。很多陶器烧制得非常粗糙，仅仅是基本成型而已，耐用程度远远达不到实际使用的要求，可以确认完全是仪式用品。简易的工棚式房子只能遮风挡雨，面积从十几平方米到几百平方米不等。房子没有固定的门，只有简单的墙和柱子作为支撑，房子里的地面也没有经过加工修整，室内缺少固定的生活设施。这些都证明房子是在举行仪式活动的时候专门建造，供人们短期居住而留下的。

大禹像

想象盟会当时的场景：整齐的队伍排列在祭台前面，被高高举起的不同颜色的旗帜随风飘扬，首领们操着南腔北调，携带着具有当地特色的祭品和器具，汇合到大禹麾下，根据司仪的安排，他们鱼贯而入，站到属于自己的位置上；祭台上，各色祭品在祭桌上陈列整齐,造型各异的陶器里盛满酒浆,作为牺牲(指为祭祀而宰杀的牲畜)的动物也码放在一边;祭祀的火堆熊熊燃烧,缭绕的烟雾向上升腾,即将为人间的圣王沟通上天。那个时代,人们相信,首领是上天选择的,他们通过祭祀来获得上天的指令。

禹分九州

如今,我们享受着高度发达的现代交通,很少能体验到前工业社会的交通效率。那个时代,无论是步行、骑行还是借助车辆、舟船等交通工具,效率毕竟是相对低下的。数千年前,在如此大范围的地域内,各地的人们实现相互间的沟通交流一定是一个周期很长的过程。当时的社会上层应该有一套行之有效的交流网络,人们对周围乃至远方更广阔的世界和人群已经有了丰富的认识,即使不够精确,但一定相对清晰。在相互交流的过程中,实现流通的除了代表威望和财富的各色物品外,还有和仪式活动有关的专门知识。一些上层首领们甚至会亲自出游远方,去接触和认识外面的世界。一方面,首领们获得了本地民众无法知晓的知识和物品,强化了所掌握的神秘力量;另一方面,长途旅行的经历和见闻会增加个人魅力,有助于塑造他们的英雄形象。通过彼此之间物质和精神上的互通有无,各地的人们逐渐建构了一个庞大的交通和信息网络,并通过它分享彼此关于自然和地理的知识,进而逐渐融汇成对世界的整体认识,但这些与世界有关的知识大概只是在社会上层流通。

在先秦典籍《尚书·禹贡》中,以山脉、河流为界限和标志,人们把天下分为冀、兖、青、徐、扬、荆、豫、梁、雍等九州,并认为这是大禹巡行天下后划定的版图,有了所谓"茫茫禹迹,划为九州"的说法。这里的"九州"类似于今天划分的省界,只是各州的范围更大一些。大禹自然不可能真的走遍天下，但如果我们把这一过程理解为把各地的联系沟通投射到大禹这个人身上，事情的真相自然就明晰了。九州的边界，北到北京的燕山山脉、山东的渤海湾，东到江浙沿海，南到广东、海南所在的南海，西到甘肃祁连山一带，范围相当广阔。从今天的认识看，我们当然不会简单地认为，四千年前的夏时期，人们就已经完成了对整个中国的探索，并一一划定了行政区域。实际上，这是在战国时期才形成的概念，人们把当时的地理观念和认识假托给上古帝王，借以表达一种理想的政治规划。

浙江绍兴会稽山大禹陵

作为一种文化和政治观念，"九州"的内涵不断被扩展、丰富，经过历代的不断扩充，至今仍然是多元一体的中华民族所居住的这片土地的代称。从这个角度上看，可以说大禹的足迹仍然无比清晰，而且越走越远，带着我们走向了更广阔的天地。

最早的中国：二里头

今天，提起"中国"这两个字，并不需要特别解释它的含义，一切都是不言自明的。但在几千年的漫长历史进程中，"中国"的内涵是不断丰富和扩展的，追溯它的源头和发展演变过程，有助于深入理解我国历史，明确未来之路去向何方。

最早的"中国"

现在，我们能看到的最早的"中国"两个字，是在一件叫"何尊"的青铜器上。这是一件西周时期的酒器，看起来像是一只大口瓶，表面还有复杂的纹饰和凸起的装饰，造型十分精美。在它的内壁上，人们铸造了长达122个字的铭文，记载了周成王继承武王的遗训，在今天的河南洛阳附近建设同朝新的都城成周这件大事。成周就是周人心目中的世界中心。

根据常理推断，在被铸于青铜器上之前，"中国"这个词应该早就出现了，甚至还有更悠久的源头。早期的"中国"既是一个地域概念，又是一个文化概念。上古三代的主体族群把活动的地域看作世界中心，并用"中国"界定自己的势力范围，随着中华民族多元一体格局的扩大，"中国"的范围也随之扩大，直到形成了今天的中国认同。

何尊 文物现藏于宝鸡青铜器博物馆

何尊铭文,其中有"宅兹中或(國)"

那么,我们不禁要问:"最早的中国"究竟在哪里呢?

二里头村坐落在今天的河南偃师西南部,是一个毫不起眼的北方村子。村子南面是古代的洛河,北面是著名的邙山,就在周边的土地下,埋藏着面积广大的"二里头遗址"。三千多年前,这里水源充足,植物繁茂,有着另一番自然风光,非常适合人类大规模定居。古人在这里建立了宏伟的城市,今天,这里被称为"最早的中国"。

二里头文化

一直以来,我们追溯上古的历史,总是把夏、商、周并称。周王朝不必多说,甲骨文和殷墟遗址的发现也已经证实了商王朝的存在,所以进一步上溯,寻找夏文化就成为人们普遍关心的问题。经过考古学家多年的辛苦发掘,在二里头遗址确认了相当于夏文化时期的古代文化,年代从公元前二十一世纪延续到公元前十六世纪。根据考古学的一般习惯,人们以发现地的村名把它称为"二里头文化"。

这里不仅有宏伟的宫殿、普通的平民住宅、不同种类的手工业作坊、墓地和窖穴等,还发现了铜、陶、玉、象牙等各种材料制成的器物。在遗址的中间,发现了几十座夯土建筑的地基。其中的1号宫殿,四周有回廊,大门在南墙的中间,平面上接近一百米见方,相当于1.5个标准足球场的大小。其中最主要的宫殿可以复原成一座"四阿重屋"的殿堂,它的前面是几百平方米的开阔庭院;屋顶四面斜坡,在屋盖的檐下面,又设置了一圈防雨的坡檐,用来保护夯土台基和外围的墙与柱子,同时确保良好的通风和采光。这种重叠的房屋造型产生了高大庄严的效果,也是居住在其中的统治者身份地位的一种展示。这批宫殿建筑的形制和结构都已经非常完善,开创了中国古代宫殿建筑的先河,被后世不断沿用和发展。

从遗址整体上看,二里头的建设经过了细致的规划,宫城方正规矩,成群的建筑有明显的中轴线,中心区的道路网纵横交错,是一处发展得比较成熟的大型都市,因而被称为"中华第一王都"。最宽达到二十米的城市主干道,相当于现在的四车道公路,路面上留下了清晰的车辙,这是我国目前所能见到的最早的车辙,证明了至少在这个时候,就已经出现双轮车了。

"中华第一龙"

生与死总是如影相随。一座贵族墓里出土了一件精美的大型绿松石龙形器,被称为"中华第一龙"。考古学家发现这件东西的时候,为了更好地实施保护,把它整体套箱取了出来,在实验室里进行了仔细研究。它是由两千多片细小的绿松石片在红漆木板上粘接、镶嵌而做成的,其中最小的绿松石片只有2毫米宽、1毫米厚。龙头扁圆,伸出许多条龙须,正中有白玉鼻梁和一对眼睛,弯曲的龙身上布满菱形的鳞片,龙尾巴向内卷曲。它的姿态是从上方俯视而呈现的,仿佛墓主人在御龙升天。后来经过骨骼鉴定,确定墓主人是一个三十多岁的男子。夏商时期,绿松石被贵族视为宝石,出土绿松石饰品的墓葬往往等级很高。绿松石龙耗费的人工和使用的技术集中了当时顶尖的生产力,是死者权力、地位的象征,他或者是王室成员之一,或者是负责主持祭祀的祭司。

传说中的龙是变幻莫测的神灵,能兴云布雨、滋润万物,后来更成为皇权的重要象征。龙的起源可以追溯到原始社会的图腾崇拜,经过上古三代的发展,它的形象在汉代基本定型。绿松石龙的发现证明在夏文化时期,先民就已经把龙作为图腾来崇拜了。从1987年在河南濮阳西水坡出土的蚌壳堆塑的龙图,到二里头遗址

最早的中国：二里头

出土的绿松石龙，再到商周青铜器上的龙纹，中华龙文化源远流长，奔腾不息。

在遗址中还出土了一件装饰了乳钉纹的青铜爵，简单来说就是一种高脚杯，口部的前面有倒酒的流槽（称为"流"），后面有尖尖的尾巴，侧边有"C"形把手，底部是三只细细的尖足，造型轻盈舒展，很有美感。这是一件酒礼器，用来在祭祀祖先时盛放酒水。这一时期，喝酒是贵族的特权，作为酒器的铜爵是最具代表性的礼器之一。古代的爵禄制度就是根据身份高低规定使用相应的爵，"爵位"这个词也就是从用爵制度演变来的。二里头遗址出土的这类铜爵，造型比较简单，质地轻薄粗糙，远远赶不上商周时期纹样精美、做工考究的同类器物，但是作为目前发现的最早的青铜酒器实物，价值却非常高，正是它们开启了中国青铜时代的先河。

此外，二里头遗址还发现了很多烧焦的动物骨头，主要是牛骨

被誉为"中华第一龙"的绿松石龙，出土于二里头遗址，文物现藏于中国考古博物馆

和猪骨,可见那个时候烤肉和煮肉一样都是很普遍的吃肉方法。之后的商周时期,煮肉的铜鼎成了重要的礼器,除了把作为祭品的动物整只放在柴火堆上烧烤祭祀以外,贵族们在祭祀中敬献的和日常食用的基本上是生肉、干肉和煮肉,烤肉却很少见了。从几十万年前的旧石器时代人类学会用火以后,烤肉是最早的吃肉方式,直到陶器发明,人们才能吃到水煮肉食。今天,大街小巷的烧烤店像雨后春笋一样涌现,也许就是对历史传统的无意识回归,人类社会的发展变化可能也并没有我们想象中那么剧烈。

虽然在遗址中还没有发现能够证明这里就是夏王朝都城的文字,但根据它所在的位置和城市规模,二里头遗址是史书记载的夏朝都城的可能性非常大。不论是不是夏朝的都城,根据它所代表的宫殿制度、青铜礼器判断,这里被认定为东亚地区最早的、大范围的王权国家是没有问题的。从此以后,东亚大陆出现了一个高度发达的核心文化,二里头就是这个转折点,就是"最早的中国"。

二里头一号宫殿建筑基址

权力传承：禅让的真相

在人类文明的各个阶段，如何平稳地实现权力的传承，一直是个大问题。我国的古史传说中，有尧、舜、禹前后相继禅让的故事，他们都是黄帝以后在黄河流域的部落联盟中出现的传奇领袖。禅让，指的是统治者生前就把首领的位置让给其他人，后者在正式接班前，往往还要经历一段时间不短的考察期。

三帝禅让

据传尧是帝喾（kù）的儿子，黄帝的五世孙，他在担任首领期间，不讲究吃穿住用，和部民一样生活十分简朴，受到百姓拥戴。在位七十年后，因为儿子丹朱难当大任，所以召开部落联盟大会，推举了德才兼备的舜为首领的继承人，并把女儿嫁给舜，经过三年的考察，最终把帝位禅让给了舜。

舜是黄帝的八世孙，他在位期间，亲自参加生产劳动，通过部落联盟会议，任命专门的人才分别管理各项事务，完善了社会管理制度。年老的时候，舜也召开联盟大会，推举了禹作为继承人，自己到南方巡视，最后病死在苍梧（今湖南省境内）。

禹是鲧的儿子，他因为治理水患立下大功，受舜的禅让而继承了天下,经诸侯拥戴,即位后建立了夏朝。

尧、舜、禹相继禅让的历史传说历来被人们津津乐道,认为反映了上古中国的民主制度,具有很高的道德表率意义。但是,当我们以现在的视角和认知来观察这一段传说中的历史时,是否会有不同于传统的解读呢?

《帝鉴图说·任贤图治》 张居正为万历皇帝编撰的《帝鉴图说》收录了历代君王事迹,用以规诫万历帝。"任贤图治"说的是帝尧任用贤臣,励精图治,并选定贤能的舜作为继承人。

在人类社会的早期阶段,生产力还没有充分发展起来,物质资料不够丰富,想要利用有限的资源实现群体利益最大化,往往要依赖能力出众的英雄人物的领导。他们采取强有力的措施,按照一定的规则分配资源、组织生产活动,并在上层群体之间开展必要的商讨,个人往往会发挥突出的作用。英雄人物的故事随着时间不断被后人传颂、记忆和加工改造,变得细节丰富而充满神秘感。遍观世界各民族的早期神话,多数是英雄史诗也就不难理解了。

动物行为学家们研究黑猩猩群体,发现它们也有复杂的权力斗争,现任首领会通过结盟巩固权力,发起挑战的一方通过制造恐慌扩大自己的影响力,挑战前者的统治地位,甚至组织起可以称为战争的颇具规模的群体打斗。首领在食用蚂蚁时可以占据最好的位置,旱季来临食物不足时要组织迁徙。新生力量往往也正是在这个权力结构被打破的时候,试图挑战在位的首领,夺取族群的统治权。

回过头来再看尧、舜、禹禅让的故事,在道德表象之下,还有更深层的社会发展规律在发挥着作用。实际上,尧、舜、禹都是黄帝的后代,来自有亲缘关系的不同部族势力。他们各自发挥影响力的范围虽然略有不同,但都集中在今天的山西南部地区,也就是黄河与太行山、吕梁山之间的位置。

根据另外一些记载,帝尧在晚年德行衰败,本来准备将帝位传给自己的儿子丹朱,却被女婿舜囚禁在平阳。舜是出身于东夷族的另一支势力的代表,在帝尧的统治发生危机的时候,他试图篡夺帝位,于是在尧面前诽谤丹朱,挑拨他们的父子关系,最终使尧把丹朱分封到丹水一带(今河南南阳淅川县)做诸侯,而不能留在首领身边。为了隔绝消息,舜阻止丹朱前来看望尧,并逼迫尧让位给自己。丹朱知道真相以后,率领三苗的势力前来讨伐,却被舜打败并且改封到唐地(今河北唐县)。这种说法表明,尧并不是不想传位给儿子,丹朱也未必是因为道德有亏、能力不足而未能继位。

无独有偶。舜帝即位后,任命禹负责治理水土。禹尽心尽力,带领人们开凿水道、疏导河流,最终控制了泛滥的洪水,创下了辉煌的业绩。通过管理治水工程,禹逐渐掌握了权力,他联合东夷的皋陶(yáo)、伯益,向舜帝的权威发起了挑战。在舜年老的时候,禹把他流放到南方,最后病死在苍梧。

禅让的真相

上面这两个不同的故事,究竟哪个才更接近历史的真相呢?这个问题很难有绝对的答案。长期以来流传的历史文献和出土的

陶寺遗址出土的彩绘陶簋。山西陶寺遗址被认为可能是帝尧时期的都城,对于探究中华文明起源、夏早期文化有重要意义。文物现藏于山西博物院。

文字资料,证明了禅让制确实存在。但禅让制的本质究竟是什么呢?儒家学者们一直把它解释成大同社会中的理想制度,是上古圣人们选拔治理国家的贤才和能人的好方法,显示了圣王至高的德行。现代学者们则把禅让制解读成上古时期氏族社会原始民主制的一种表现形式。但这两种观点都没有说明禅让制的最初内涵。

英国人类学家弗雷泽在《金枝》一书中,揭示了一种今天人们很难理解的"王者"类型。成为王的幸运儿要在湖畔的圣树下日夜守护,防止后来者获得树上的"金枝"。这要求他要随时保持良好的状态,时刻警惕周围虎视眈眈的挑战者。然而,只有千日做贼,没有千日防贼,终有一天,挑战者会突破王的守护,折下"金枝",进而成为新一代的"王",而这场竞争中被淘汰的人不仅失去了王位,还要付出生命的代价。这种现象在世界范围内具有普遍意义,国王起源于祭司或者巫师,他们负责向神灵祭祀,自身也是祭祀过程中的"牺牲"。一个比较典型的例子就是中美洲玛雅文化中的王者,他们在主持唤醒世界生命力的祭祀中,要用尖锐的工具刺破自己的身体放血举行仪式,王的生命承载着维持世界运转的重大责任。

我国远古时期的禅让制,如果追溯源头,也可以作相似的解释。对于治理天下权力的"谦让",起初既不是因为圣人道德高尚,也不是原始民主制度要求选用贤能,而是由于古代的王者承担了沉重的责任,受到种种规则的约束,在年老体衰后常被作为献祭神灵的"牺牲",所以发展到一定时期,为王的人在合适的时机主动避让王位。这里的"让",不是谦逊的"礼让",而是避之唯恐不及的"避让"。只是随着社会的不断发展,神秘主义的色彩逐渐淡去,强有力的王者可以长久稳固地掌握权力并保证自身的安全,权力的传承得以稳定下来,但仍不能避免氏族内部的后起强者通过政治或战争手段推翻前者,建立起新的政治格局。

尧、舜、禹禅让的历史传说在此后漫长的历史中一次又一次上演,只不过越往后越流于形式,但至少使得权力传承维持了表面的文明,残酷得不那么鲜明。东汉末年,曹丕迫使汉献帝让位给自己,在禅让仪式结束之后,他深有感触地说:舜和禹之间禅让的事,我现在算是明白了。所谓的禅让,始终还是不同政治势力之间的博弈,不管背后的手段和形式是多么激烈,最终呈现的却是有礼有节、一团和气的"让"了。

陶寺遗址出土的彩绘龙纹陶盘
文物现藏于山西博物院

族群的起源：玄鸟神话

历史上，很多民族或者族群都有自己的起源神话，讲述始祖诞生乃至开创基业的传奇故事。今天的人看来，可能觉得不符合科学常理，完全异想天开，对古人而言，这类神话却是意义重大的存在。《诗经》里说："天命玄鸟，降而生商，宅殷土茫茫。"这短短十三个字里隐藏着商人的始祖传说和创业故事。今天，通过深入研究历史文献和考古发现，我们对商王朝后半段的历史已经有了比较多的了解，但商人的起源和早期历史仍然值得给予更多关注。这些描述既是故事，又是抽象化、概念化了的神圣历史。

商人起源

上古先民因为知识不足，用感生神话来解释始祖或圣人的诞生，认为他们是感应到上天的神秘力量才出生的，所以都没有父亲。商人的始祖契是这样，周的始祖稷也是这样，这都还算不上是故意作假。

传说帝喾娶了有娀氏的女儿简狄为次妃，在一个万物复苏的春天里，她和伙伴们外出游玩，开开心心地来到河边准备戏水，恰好遇见一只玄鸟飞来。这只玄鸟产下一颗蛋就飞走了。简狄吞下

商代玉鸟 文物现藏于天津博物馆

了这颗鸟蛋,不久就怀孕了,后来生下一个男孩,取名"契",他就是商人的始祖。故事里所说的"玄鸟",其实就是黑色的燕子。事实上,燕子身体上的主要颜色并不是纯黑色,而是具有金属质感的蓝黑色、绿黑色或者褐色,但远看很像是黑色。

这样莫名其妙来到世上的契,在长大成人后将背负起带领商人族群走上广阔历史舞台的使命。因为帮助大禹治水建立了突出的功劳,舜帝把他封为司徒,赐给他叫作"商"的一片土地安置自己族群的人民。这片土地就是今天的河南商丘一带,商人的部落以此为起点逐渐站稳脚跟并不断发展壮大。在契的带领下,他们制造陶器和青铜器,用这些产品和周边的部落做生意,又带领民众开展农业生产,安排各种礼仪和祭祀活动,使商人社会得到了充分发展。到了契的孙子相土做首领的时候,商人的势力继续发展壮大,逐渐把周边的部落统合起来,形成了较大范围的部落联盟。

到了公元前十六世纪前后,经过数代的发展,商族首领成汤率兵攻灭夏朝,召开诸侯大会,正式建立了商朝,并把都城设置在亳(bó,今河南商丘)。在他的治理下,生产得到进一步发展,同时通过战争开疆拓土,扩大了势力范围,巩固了王朝的统治。此后,商人的都城经历了多次迁徙,势力衰弱,直到盘庚在位的时候,定都在殷(今河南安阳),占据了天下之中的地理位置,也就是今天著名的殷墟遗址。在这里,盘庚按先祖商汤的方法进行治理,百姓得以安居乐业,商朝迎来了复兴,四方的诸侯纷纷前来朝见,商的政权重新稳定下来,到武丁在位时达到了鼎盛。这时候商的疆域已经十分广阔,按照今天的行政区划来说,北到辽宁,南到湖北,西到陕西,东到山东沿海。此后直到商朝灭亡,都城都再也没有变过。

此外,契在天文历法上也很有成就。他原先被封为火正,这是一个管理火的职位。但所谓"火"并不是人世间的普通火焰,而是指天上的大火星,即天文学上的心宿二,它是天蝎座的主星,也是天空中最孤独的一等星。作为一颗红超巨星,它有着火红色的亮光。在每年农历五月的黄昏,会高悬在正南方的天空,这时候位置最高;而到了七月的黄昏,随着它的位置逐渐从中天向西下降,暑气消退,也意味着秋天就要来了。这种现象被称为"七月流火"。

根据《左传》记载,帝喾的大儿子契[又叫阏(yān)伯]和小儿子实沈关系不和,在一起的时候总是争斗不休,让父亲非常苦恼。为了避免两个儿子继续争斗闹出事端来,帝喾决定把他

《春秋左传》书影

们远远地分开,确保两人无法见面,自然就能平息争端。于是契被迁到商(今河南商丘),管理东方的大火星;而实沈则被迁到大夏(今山西太原),负责管理参星。尽管这两个地方现在看来距离并不是特别远,但在交通条件比较落后的上古时期,兄弟之间见面的

族群的起源：玄鸟神话

可能性已经微乎其微。在天文学上，参、商这两颗星一个在西，一个在东，一个升起了另一个就会落下，永远不会同时出现在天空中。后来，参商不相见就变成了亲友隔绝、不能相见的象征，杜甫的名篇《赠卫八处士》中就写道："人生不相见，动如参与商。今夕复何夕，共此灯烛光。"人类的浩渺情思与天上的星辰就这样被连接起来，使得个人的情感获得了更高层面的升华。

起源神话

古人善于观察自然现象，并把很多自然现象与人类的生产生活相互对应联系起来。上古的女性真的会因吞下了鸟蛋而生孩子吗？这当然不是科学事实。春天到来的时候，燕子从北方飞来，不辞劳苦地衔来泥巴、羽毛、细小的枝叶等材料筑巢，从而孵化并养育下一代。人们把燕子的繁殖行为看作生命繁育滋长的象征，仲春时节会在野外举行求子的祭祀活动，这时候孕育的孩子，被认为是玄鸟所生。除此之外，在母系氏族时代，还没有产生后来明确的婚姻制度，人们只知道生育了自己的母亲，却不知道父亲具体是谁。在进入父系社会以后，新的婚姻制度还没有完全稳定下来，母系社会的痕迹得到很大程度的保留，因此很多英雄人物都是凭着母亲的神奇经历而诞生的，比如吞下鸟蛋、踩到巨大的脚印，等等。在祖先神话中，这类故事被称为"感生说"，使得女性祖先怀孕并生下部落首领的，就是这个部落的图腾或图腾的抽象化印记。对商人来说，玄鸟就是这样的存在，它从天而降，产下后代又飘然而去，正是部落图腾的具体显现。

在古人的观念里，凡是开创王朝基业的君主或者圣人，都要以不同的形式和天上的神明产生关联。后来的人出于现实需要，也会牵强附会地对这类故事进行改造并加以利用。出身低微的统治者为了达到树立自身权威的目的,给自己编造神圣的出生故事,比如,以街头无赖汉登上帝王宝座的汉高祖刘邦,就有他的母亲梦见了神灵而生下自己的说法,出生时还有一条龙盘旋在自家屋顶上。

到后来,上古的神秘色彩逐渐消退,但帝王们仍然乐此不疲地重复着这个老套的模式。他们的母亲或者在怀孕时梦见日月落入怀里,或者见到所住的房子里红光遍布,借以彰显自己获得天命的合法性,为政权的建立增加一丝神圣的光芒。对一个王朝和封建帝王来说,这样的神圣故事既是他们愿意相信的历史,也是借以引导普通民众、树立皇权威严、凝聚群体力量的重要手段。

青铜鸮尊

妇好墓出土的青铜鸮尊局部立鸟的形象
文物现藏于中国国家博物馆

迁都为哪般：发现殷墟

在河南省最北端的安阳市境内，有一条自西向东流过的大河，叫洹(huán)河，又叫安阳河。它发源于太行山东麓，是安阳的母亲河，已经在这片土地上奔腾了数千年，孕育了丰富而灿烂的文化。在洹河南岸有一个小屯村，村子下面就是已经沉寂了三千来年的殷墟遗址。

盘庚迁殷

殷墟，就是殷商的废墟。第十九代商王盘庚把都城迁移到北蒙，将它的名字改为"殷"，并逐步营建起了新都。从此以后，直到公元前1046年帝辛亡国，在八代十二位商王273年的统治期间，这里一直是商代后期的政治、经济、文化和军事中心。商王朝被周人消灭后，曾经的王都逐渐荒废，被深埋在厚厚的土层下面，昔日的荣光也逐渐黯淡。但后来的人们仍然知道这里是殷人故地。秦朝末年天下大乱，各地义军纷纷向秦军发起进攻，秦军大将章邯(hán)就是在洹河南岸的殷墟率领二十万大军向项羽投降的。

商王朝的势力范围大致包括今天的河南省以及邻近的周边地区。历史上，商人经过了多次迁徙。在商汤建国之前有八次，但这八次是为了谋求生存或由于其他政治原因而进行的整个族群的大迁徙，是大规模的移民行动。商汤建国后又经历了五次迁徙，这五次则是商王朝统治中心的变化，是迁都行为。二者的意义完全不同。商人为什么频繁迁都呢？历来说法很多，比如逃避水患，寻找适合游牧或农业生产的土地，上层贵族之间的权力斗争，追逐青铜矿源，等等。夏、商、周三代，青铜器作为重要的礼仪用品，在政治活动中具有非常重要的作用，早期的铜矿、锡矿资源往往不易开采，王室对青铜的需求量很大，为了满足生产，不得不经常迁徙，寻找新的矿源。这种说法有一定的合理性，但考虑到王朝政治运作的复杂性，当然不能简单地认为寻找青铜矿源是迁都的唯一动力。

从历史发展的过程来看，松散的部族联盟要发展成一个高度统一的政权及国家，往往要经历一番激烈的斗争。在盘庚继承王位之前，商人经历了长期的内部变乱和权力斗争，实际上正是社会发展到一定阶段后，族群内部势力的整合过程。对商王来说，通过强制迁都，打破原来盘根错节的部族势力，到一个新的地方重新建立政治秩序，自然是最佳选择。迁都至殷以后，一部分贵族丧失了原先的权势和地位，集体向盘庚表示抗议，但盘庚挑明了他们要叛乱造反的图谋，强力控制了局面。通过安抚民众、宣扬宗庙和祖先的号召力，盘庚强化了新政权，稳定了人心，建立起新的政治秩序。这一过程中肯定有很多激烈的斗争和反复，但是今天我们能了解到的只是粗线条的历史了。无独有偶，一千多年后的北魏时期，鲜卑族统治者孝文帝为了强化政治改革，以征伐南朝的名义，强行从山西大同迁都到河南洛阳，革除鲜卑族部落制的旧风俗，全面推行汉化，也引发了部族势力的反叛。新制度的建立并不总是一帆风

迁都为哪般：发现殷墟

顺的，旧势力的惯性不可能突然被扭转，社会的变革也是逐步推进的。迁都恰是建立新秩序过程中最有效、最直接的一种手段。就这样，殷墟承载了商王朝后期273年的荣光，在周武王率兵攻灭商朝之后，仍被分封给帝辛的儿子武庚，让他在此继续祭祀商人的先祖和先王。但一个王朝的荣光已经消散，辉煌不能再有，终于湮没在历史的长河里。

都城殷墟

作为中国目前第一个有文献记载并且被考古发现和甲骨文字证实了的都城，殷墟主要包括了宫殿和宗庙、王陵、洹北商城、甲骨窖藏坑、家族墓地、作坊遗址等遗存，这一切构成了一个完整的都城体系，商人的政治运作、祭祀与战争、日常生活都被凝固在这本地书里，让后人翻阅、解读、感悟。

宫殿和宗庙位于洹河南边，是商王处理公务和居住的地方，也是殷墟的核心地区，由近百座建筑构成，其中有规模很大的四合院式建筑。商王武丁的妻子

殷墟出土的嵌绿松石刻辞骨柶
文物现藏于中国社会科学院考古研究所

妇好的墓地也在这里，她的身份已经被甲骨文证实。这里还发现了大量的甲骨窖藏坑，出土了数万片甲骨，可以理解为集中储存的档案资料库。甲骨文的发现证明了汉字拥有独立起源，让我们能够看到汉字的早期形态，确认了文字的造字规则，也是商以后中国文化的根脉所在。2017年，甲骨文还入选了《世界记忆名录》。商王的陵墓则分布在洹河北岸的高地上，一共有13座大型墓葬，相关的陪葬坑、祭祀坑、车马坑一应俱全。单体的王陵，地面上没有封土坟丘，都是挖出深达10米的大土坑，中心部位的墓室是方形坑，通向墓室的墓道数量有一条、两条和四条三种，总面积达到数百平方米。王陵中大量使用活人殉葬，他们的身份大多是商王的陪臣、妻妾、侍卫、亲信和仆役等。王陵区的东部是商王祭祀祖先的场所，著名的后母戊大方鼎，重量达到了875千克，也是在这里发现的。祭祀坑里大量的人和动物骨架，也让我们瞥见了商朝粗粝血腥的一面。

洹北商城在洹河北面、王陵东侧，平面近似长方形，四周有夯筑的城墙，墙基保留了下来。夯筑又叫版筑，是中国古代建造房屋、台基的主要方式，通过人力使用夯锤等工具把泥土一层一层砸实，不断堆叠形成致密坚固的土台、城墙、墙壁等结构。夯土材料成本低廉，污染小，保温性能突出，夯土房屋结构坚固，内部冬暖夏凉，所以这种技术在历史上长期流行，至今在一些偏远地区仍然可以看到。城内的宫殿区位于中轴线上，建筑规模宏大。这里是早期的王朝中心所在，后来商王才转移到洹河南岸的宫殿区居住。

殷墟的发现改变了我们对传说中夏商周三代历史的认识，一个真实而具体的王朝全景式展现在世人面前，长期以来史书中记

迁都为哪般：发现殷墟

载的商王世系得到了甲骨文字的证实，高度发达的青铜器、玉器等文物证明了这时候的手工业达到了很高的工艺水平。几千年过去了，商人的踪影已经消散在历史长河里，但历史的进程却不会停歇，古老的文明生生不息，从旧传统里生发出新的力量。殷墟已经沉寂，这里孕育的文明因素却一代代传承下去，像洹河水一样流淌不息，从过去流向现在，并且还要流向未来。

安阳武官村出土的商代后母戊鼎
文物现藏于中国国家博物馆

红妆与武装：妇好

2018年5月18日，在河南省安阳市博物馆，"凤归大邑商——殷墟妇好文物安阳故里展"的展览开幕，展品包括四百多件精美的青铜器、玉器、骨器、石器和刻辞甲骨等文物，引发了关注。"大邑商"是商人对他们的都城殷的称呼，而回归的凤鸟就是商王武丁的妻子——妇好。三千多年来，她一直长眠在安阳这片土地上，直到1976年被考古工作者发现，之后墓中随葬的绝大部分文物被送往北京保管，四十二年后，这批珍贵的国宝又重新回到故乡，就像归来的凤鸟再次栖息在安阳。

巧合的是，当年负责妇好墓考古工作的也是一位女性，她叫郑振香。当时，考古队本来是在殷墟宫殿宗庙区的西南发掘一处房基，但房基下又出现了一个长方形坑，里面填满了夯土。为了弄清楚这到底是不是墓葬，他们坚持向下钻探，直到在7米深的土里发现了鲜红的漆皮和翠绿的玉坠，证实了墓葬的存在。通过全面的考古发掘，人们确认了这就是第二十三代商王武丁的正妻之一妇好的墓葬，而墓葬上的建筑其实就是配套的祭祀享堂。妇好墓是目前所知唯一能和甲骨文互相印证年代和身份的考古发现，也是殷

红妆与武装：妇好

墟里唯一保存完整的商代王室墓葬，出土青铜器、玉器、骨器、海贝等文物1928件，全面地反映了商代后期的生产力和社会发展水平。

王后妇好

公元前十二世纪前半叶，商王朝正处在第二十三代王武丁的统治时期，商人通过一连串的战争扩大了统治版图，因此被称为"武丁中兴"。在这些战争中，有一名立下赫赫战功的女将，她就是武丁的王后妇好。妇好是武丁众多妻子中的一位，"妇"是亲属称谓，可以理解为"娘娘"，"好"代表她出身的部族，可以理解为姓氏。在铜器铭文中，她被尊称为"后母辛"。今天，根据甲骨文的相关记载，我们称她为有历史记录的最早的女政治家和军事家。

身为尊贵的商王后，妇好自然很注重修饰容貌，以配得上王后的威仪。铜镜、发簪、数百件玉器等生活用品和饰品，曾经映照过她的容颜、装点过她的住处，为她增光添彩。其中的一件玉凤，高13.8厘米，造型优美，可以说是妇好本人的象征。经过鉴定，这些玉器的材料很多来自今天的新疆地区，商人的势力范围虽然还不能到达那里，但长距离的中转贸易在三千年前就已经开始了。以"后母辛"大方鼎为代表的数百件青铜礼器和酒器，展现了她日常的礼仪和宴饮生

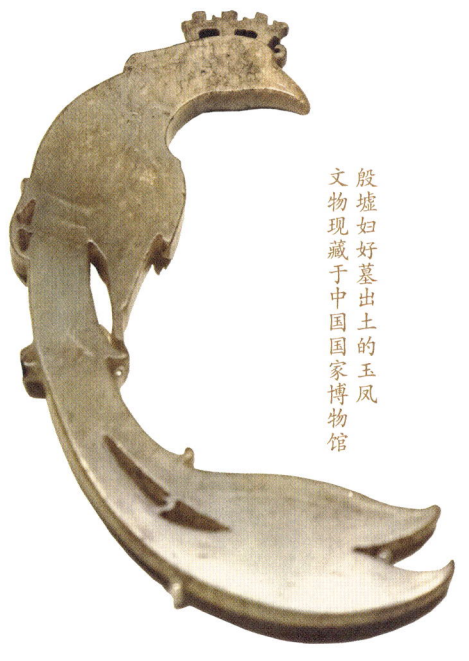

殷墟妇好墓出土的玉凤 文物现藏于中国国家博物馆

活。其中造型别致的铜鸮(xiāo)尊,纹饰精美,外形模仿一只蹲坐的猫头鹰,十分写实。而三联甗(yǎn)则是把灶台和甑(zèng)配套,可以同时蒸煮多种食物。墓中出土的近七千枚海贝来自今天台湾、海南等东南沿海地区,在当时是一笔惊人的财富。

政治家妇好

爱红妆也爱武装,妇好墓还出土了一百多件兵器,包括钺(yuè)、戈和箭头。钺是一种像斧头的武器,但尺寸更大,它的刃部向两侧边翘起,造型更夸张。其中一件大钺重量达到9千克,上面装饰着双虎扑人头的纹饰,还镌刻着"妇好"二字铭文。这并不是说,妇好是一个可以手持两把大钺冲锋陷阵的猛将,钺这种兵器体量很大,往往是作为军事统帅权威的象征,和军队的大旗一起用作仪仗的。根据甲骨文的记载,某一年的夏天,北方边境遭到外敌入侵,负责征讨的将领迟迟不能取胜,妇好主动要求带兵助战。武丁却十分犹豫,最终通过占卜,决定让王后出征。结果妇好在前线指挥有力,身先士卒,很快就打败了来犯的敌人,取得了战争的胜利。此后,妇好多次率军作战,先后击败了土方、巴方、鬼方(均为周边部族)等势力,立下了显赫战功。在对羌方的战役中,她甚至指挥了一万三千人的大部队,这是商王朝一半以上的兵力。这场战争的胜利大大削弱了羌人的势力,安定了商朝的西部边境。

此外,妇好还频繁地参与政治管理。武丁经常派遣妇好外出办事,会见后妃和德高望重的贵族,就连抓捕逃跑的奴隶和犯人的工作也交给她负责,可以说巾帼不让须眉,几乎没有她做不来的事。除了王后和将军这两个尊贵的身份外,妇好还有一个特殊职位——主持祭祀的占卜官。商人迷信鬼神,大事小事都要通过祭祀占卜

红妆与武装：妇好

来决定。祭祀作为当时最重要的政治活动，是十分郑重其事的。妇好能承担这一职责，自然也要具备丰富的知识和相应的权威，才能完成所谓沟通神明的过程，她也借此成为国家大事的决策者。

妇好墓出土的"妇好"铭铜钺
文物现藏于中国社会科学院考古研究所

妇好生前并不和武丁居住在一起，而是时常待在自己的封地，掌握着自己的独立财产。她曾一次性向商王进贡过二十片牛的肩胛骨、五十件龟甲等占卜用品，富有程度可想而知。作为商王的配偶、将军和臣属，她所代表的不仅是自己，也是所出身的部族，而且这个部族应该具有相当雄厚的实力。她不仅多次带兵征战沙场，

妇好墓出土的铜鸮尊
文物现藏于中国国家博物馆

为商王朝开疆拓土,还经常主持祭祀上天、祖先的仪式,并做占卜官,这些往往是商王本人才能承担的工作。武丁的妻妾里还有一位地位仅次于妇好的女子,她的封地在今天的河北邢台,也曾经多次率军出征,并且为武丁管理农业生产和内政。通过迎娶出身强势部族的女性,商王获得了这些部族的认可和支持,进而扩大了自己的政治影响力。相应地,通过向商王效忠并建立姻亲关系,商王的妻子及其部族也得以分享王权的荣耀。

| 文 | 化 | 小 | 札 |

妇好青铜鸮尊

鸮尊在1976年出土于河南省安阳市殷墟妇好墓。器身有铭文"妇好",表面布满花纹,整体形态是一只站立的猫头鹰,两只足和下垂的尾巴形成了三个稳定的支撑,设计巧妙,雄壮威武,具有很高的艺术价值。作为一件盛装酒水的高等级青铜器,它是中国商代青铜器中的精品。出土时是一对,一件收藏在中国国家博物馆,另一件收藏在河南博物院,是河南博物院的"九大镇院之宝"之一。

妇好在三十多岁时去世，死因或许是难产，或许是在战争中受了伤。不过在那个时代，也不算短寿了。按照惯例，她应该被埋葬在洹河北岸的王陵里，但武丁却将妇好葬在了洹河南岸的宫殿宗庙之间，常伴自己左右。墓室里放满了各类珍宝，让这位伟大的女性在另一个世界继续已有的生活。墓葬上方特意建起了祭祀的享堂建筑，在甲骨文中，这座建筑被称为"母辛宗"，也就是"母辛的神庙"。正是这份用心，使得妇好墓躲过了后世盗墓者的侵扰，完整地保留了三千年，盗墓者一碰到建筑的夯土，就认为下面不会有墓葬而放弃了。

在漫长的历史进程中，能留下名字的人并不多。越是久远的历史人物，留给后人的印象越是模糊，被传说和史书记录下来的，只是他们生命中的一些侧面。但如果有一座属于某个人的完整墓葬，情况就大不相同了。他（她）的身份地位、习惯和喜好、光荣与梦想都会被集中保存在墓葬里，躲过来自自然和人为的破坏，直到时机成熟再重见天日，被后来的人们发现并解读。妇好是幸运的，她在三十多年的生命里焕发出灿烂的光芒与能量，在滚滚的历史进程中留下了自己的印记。三千年后，因为科学的考古发掘和细致解读，她从甲骨文中醒来，再次走进人们的视线，唤起了我们对于那个遥远时代的关注和认识，再一次为商王武丁和殷商王朝尽到了责任。

诸事问鬼神：甲骨文

生活中，汉字随处可见。无论公交站牌还是店铺广告，无论报纸杂志还是书本网络，我们被这些笔画各异的符号包围，它们传达着信息，影响着我们的一举一动。无论是键盘的敲击还是笔尖下的流泻，字形可以千姿百态，背后的含义却人所共知。那么这些汉字是怎样产生、发展、变化的呢？

发现甲古文

汉字的历史，现在最早可以追溯到新石器时代陶器上的刻画符号，它们是早期的图形文字。但如果说成体系的汉字，目前的答案只有一个，那就是甲骨文。甲骨文主要指的是殷墟遗址发现的甲骨刻辞，它们是商代后期商王室用于占卜记事而刻写在龟甲和兽骨上的文字，在当时的贵族生活中，发挥了十分重要的作用。但是，商王朝覆灭之后，这些刻写了文字的甲骨被掩埋在殷墟下的土地中，直到清朝晚期才被重新发现和认识。

当时，安阳出土的龟甲和兽骨被当作一种药材，称为"龙骨"，大量出售到北京的药铺里。一个叫王懿荣的官员买药时看到这些"龙骨"上刻画了一些符号，很像是古代文字，于是他大量收购并初

诸事问鬼神：甲骨文

步加以研究。在这之后,很多学者致力于研究"龙骨"上的文字,确定了它们是从河南安阳小屯村这个地方流传出来的,是殷商时期占卜使用的东西,而上面刻写的文字就是记录占卜过程和所得的结果。随着日后科学考古发掘的不断推进,人们获得了更多的甲骨文字,为研究商代的历史提供了最可靠的一手资料,对于它的研究和认识也不断深入,甚至形成了一门学科"甲骨学"。

目前已发现的甲骨大约有 15 万片,包含 4 500 多个单字,其中有 2 500 个已经被识别出来。这些字具备了象形、指事、会意、形声、转注、假借等基本造字、用字方法,是相当系统和成熟的文字

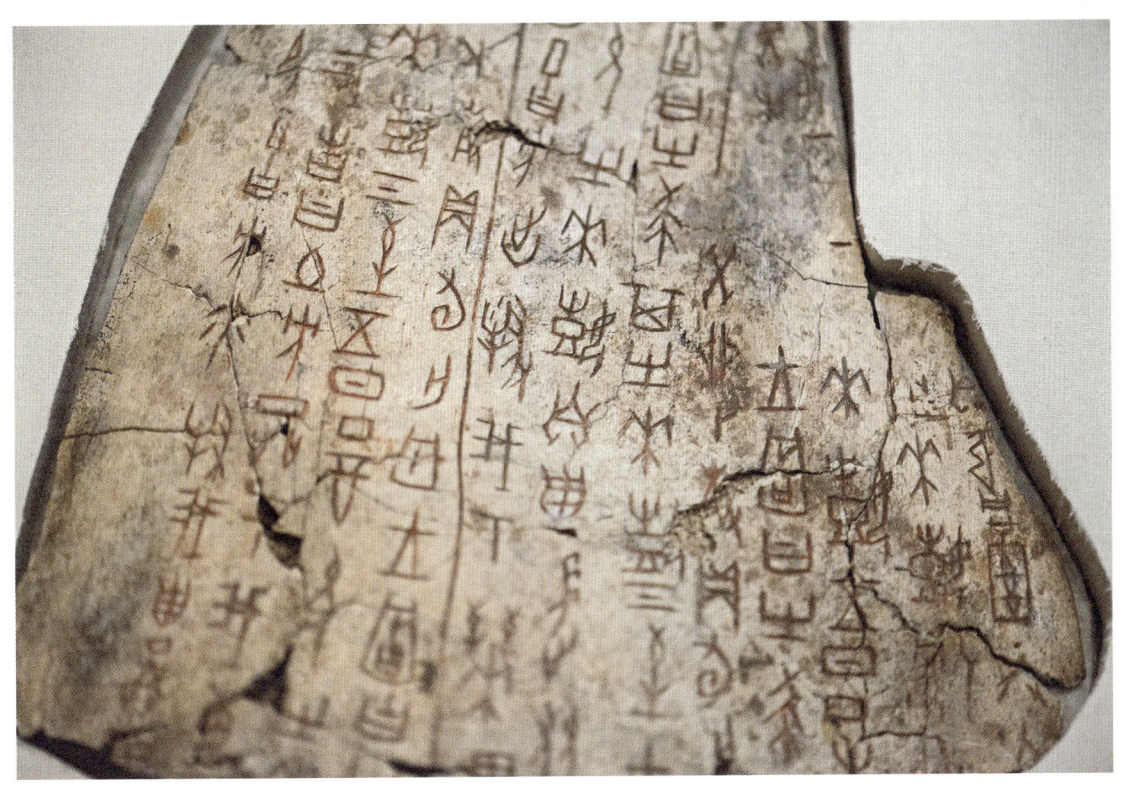

商王武丁时期的卜骨　文物现藏于中国国家博物馆

体系。它们记载的内容涵盖了商代社会生活的各个方面,政治、军事、文化、社会习俗、天文、历法、医药等,无所不包。

甲骨文的用途

商代的统治者信奉鬼神,从国家大事到私人生活,比如祭祀、气候、收成、征战、打猎、疾病、生育、外出,等等,凡事都要向鬼神寻求指示,然后根据占卜结果决定下一步怎么做。占卜就成了一件具有很重要的政治意义的大事,由专门的机构和占卜官员负责操作,商王本人往往会亲自担任占卜官。占卜后把所问的事情和得到的结果刻写在甲骨上,堆放在窖穴里,作为王室的档案保存起来。可以说,这些甲骨文就是商王平时处理政务和日常生活的日志。在殷墟考古的过程中,曾经发现过多处甲骨坑,特别是1936年在宫殿区发掘的一个甲骨坑,保存了一万七千多片带字的甲骨,最后认定这是商王武丁时期的一处档案库。

那么,所谓的"甲骨",是怎么处理并且使用的呢?"甲"指的是龟的腹甲和背甲,商代占卜使用的多数是腹甲,因为相对平整;"骨"主要是牛、羊、猪、鹿等大型脊椎动物的肩胛骨,以牛的为主。使用之前,要把甲骨预先处理成合适的形态。龟壳要把背甲和腹甲分开,然后把腹甲的边缘削平;牛的肩胛骨要把骨节削扁、磨平。之后在甲骨背面进行钻凿,这是占卜之前的准备工作。钻,是在背面钻一个圆形的凹窝;凿,是在这个圆形窝的一侧敲一个椭圆形的凹口。这样一来,凹窝所在的地方甲层或骨层会变薄,使用加热的工具在这里灼烤的时候,甲骨会因受热而爆裂开,相应的正面就会形成"卜"字形状的裂纹,从而得到占卜人想要的征兆,这些裂痕就被称为"兆"。

当时的人们就根据这些裂纹的走向来判断所问的事情是否顺

利。今天看来,靠这种方法决定怎样做事有些可笑。但对商人来说,这是他们笃信的神谕。古人面对自然界,缺乏足够的科学知识和改造能力,通过占卜来与上天沟通,把自己的祸福托付给天上的神明,才能在人间获得内心的安宁。试想,当我们面对电闪雷鸣、雨横风狂的天气时,内心多少也会产生某种对自然之力的敬畏吧!

其实,使用龟甲、兽骨进行占卜的行为有着悠久的历史源头。在商代之前的龙山文化的遗址里就发现过卜骨,主要是猪、牛、羊等动物的骨头,并且是不经过钻凿等预处理而直接灼烧的。从商代开始的钻凿占卜,一直到汉代还有人在使用。至今,一些偏远地区还存在着类似的占卜传统,如"鸡骨卜"等。现在的某些日历上,

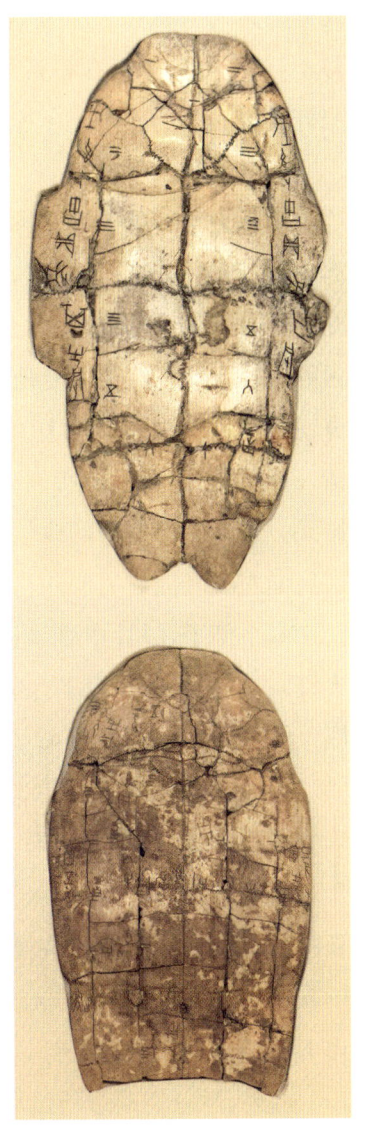

殷墟出土的商王武丁时期卜骨
文物现藏于中国国家博物馆

还标明每天适宜和不适宜做的事情,重大活动也要事先挑选个好日子,讨个好彩头。在趋吉避凶这件事上,我们和三千年前的古人也许并没有本质差别。

甲骨卜辞

甲骨上刻写的文字主要是记录占卜的内容,所以被称为"卜辞"。按照具体内容的不同,卜辞有长有短,长的上百字,短的只有几个字,二三十字的比较常见。卜辞的内容可以分为叙事、命辞、占辞、占验四部分,但不是所有的卜辞都具备这四个要素。叙事部分说明了占卜时间和占卜人的名字,命辞是占卜所要问的具体事情,占辞是卜兆显示的所问事情的吉凶祸福,验辞是事后的应验和结果。这些文字刻写的时候有固定格式,从上往下竖着写,竖写到底后向左或者向右另起一行。

举个例子,一片甲骨上记载了这样一段话——癸巳日占卜,贞人(即占卜的人)争[以上为叙辞,即叙事]问:现在一月份之内下雨吗?[以上为命辞]王察看了卜兆后判断说:逢丙那天将要下雨。[以上为占辞]癸巳日占卜,贞人争问:现今一月份之内不会下雨吧?[反面卜问,对贞]结果,在下一旬的壬寅日下了雨,第二旬甲辰日也下了雨。己酉日下了雨,辛亥日也下了雨。[以上为验辞]雀贡纳龟甲二百五十。这篇刻辞结构完整,最后一句是说明龟甲的来源,和这次占卜活动无关,可视为备注。但是我们可以看到,占卜的结果也未必都灵验,下雨的几个日子都不是逢丙的。

此外,学者们通过研读甲骨文,确认了商时我国就已经采用了天干地支纪日的方法,可以说是最早的日历。这一方法在此后的数千年间一直延续下来,今天我们的农历还是这样纪日。就连商

诸事问鬼神：甲骨文

王的传承序列也通过甲骨文的相关记载得到了证实，与史书记载的世系基本能够对应。

今天，人们通过甲骨文追溯历史，也欣赏其书法艺术的美感。即使没有受过专门的训练，面对一个个甲骨文字时，我们也能找到一些熟悉而亲切的感觉。中华文化绵延的根脉不仅隐藏在大好河山之间，隐藏在生生不息的一代代人群之中，也隐藏在以甲骨文为代表的汉字里。从商朝贵族向鬼神的追问，到秦汉以来的文书行政，再到今天琳琅满目的图书出版，汉字经历了数千年的变化，一直保持着旺盛的生命力。三千年前举着刻刀在甲骨上刻下文字的那只手，与今天我们敲击键盘的手，通过汉字实现了历史性的"握手"。

殷墟出土的商代刻干支表牛骨
文物现藏于中国国家博物馆

青铜的颜色:吉金

参观博物馆时,我们总会看到展柜里有一些被称作"青铜器"的展品,它们多数表面是绿莹莹的,还有各种凸起的夸张图案,形状也很特别,有的像瓶子,有的像罐子,有的像盆,有的像锅子,说明牌上的名字也都很难读,比如鼎、鬲(lì)、甗、釜、甑、匜(yí),等等。对古人来说,它们是承载了重大政治和文化意义的宝贵财富,在生活的各个方面都发挥着重要的作用。

青铜的颜色

新石器时代晚期,世界上最早的青铜器就出现在了今天的西亚地区,距今已有六千多年。中国的青铜器最早见于史前时期的马家窑文化,但要比西亚晚一些。青铜器和相关的冶炼技术一开始应该是从西亚地区向东传播过来的。在中国古代,人们把青铜器叫作"金"或者"吉金",它是红铜和锡、铅等金属的合金,刚制作好的时候是金黄色的,只是因为时间久,铜生锈之后才呈现出青绿色。古人眼里的青铜器是金光灿灿、十分耀眼的。

中国古代的青铜器制作精美,是我国五千年文明中十分重要的组成部分。最早的青铜器大部分是小刀之类的工具和装饰品,

青铜的颜色：吉金

到了夏商周时期，随着冶炼技术的进步和原材料的逐渐丰富，发展出了具有各种造型和功能的青铜器。夏商周三代，在政治和日常生活中都普遍使用青铜器，这个时期就被称为"青铜时代"。夏代的青铜器有铜爵和兵器，但是普遍还没有花纹；商代的青铜器已经出现了铭文和精细的花纹；进入西周以后，青铜器迎来了大发展，样式非常多，造型也更加沉稳，铭文篇幅变长，花纹也更加复杂精美；到了春秋战国，青铜器越做越薄，纹饰也变得相对简单。秦汉以后陶器和漆器使用增多，铜器的品种变少，也更加轻巧。

西周四十二年逨鼎，该器物比较好地保留了青铜器本来的色泽
文物现藏于宝鸡青铜器博物院

青铜器首先是用来盛放东西的容器，然后是作为陈设摆放的礼器。在祭祀祖先的时候，要把肉食、主食和酒水之类的生活必需

品分门别类装进青铜器里,调和好不同的味道,让祖先们能够享受子孙的供养。古人认为,在制作食物的过程中,把鱼和肉盛放在铜器里,加入水,用盐、酸梅子和肉酱来调味,生火烧柴,通过水、火和作为炊器的铜器之间的相互作用,补充不足的味道,消除过重的味道,让美食的滋味恰到好处,就像演奏音乐的时候,通过不同音符的协调奏出动听的曲子。吃到这些美味的食物、听到这些动听音乐的人,感受到平和的气氛,人与人的关系因此变得和谐,从而有利于现实政治活动的开展。

青铜器的另一个重要作用是"象物",具体就是铜器外表面上各色花纹的表征。"物"就是古人所崇拜的各种神灵,或者那些被认为是族群起源的神物。通过在青铜器上制作花纹,表现各类神灵的样子,寄托人们对祖先和神明的崇敬,青铜器也因此在很多重要的仪式场合发挥着沟通神与人的作用。它们是实用的,也是具有仪式性甚至神性的。

对古代贵族来说,青铜器是他们身份地位和权力的象征,不同级别的贵族使用不同规格的青铜器,并把它们当作立国和传家的宝物,十分珍惜。不管是祭祀祖先神灵、举办宴会、开展朝觐活动,还是发动战争、操办丧事,任何相关的活动都会大量使用青铜器。日常生活以外,人们还会专门制造大型青铜器,并在上面浇铸或者刻写长长的铭文,记载某件大事的前后经过,或者赞扬圣王和祖先的功绩、德行。因为文字是铸刻在青铜器上的,这些铭文被叫作"金文"。这类青铜器都比较贵重,功能类似于今天的小型纪念碑。此外,古人认为人死以后灵魂不会消失,而是在另一个世界继续生活,所以贵族们去世的时候会把生前使用的青铜器也放进墓室里,

青铜的颜色：吉金

甚至专门制造新的青铜器用来随葬。

青铜器的种类

按照用途，我们可以把日常使用的青铜器分成食器、酒器、水器、乐器、兵器等种类。其中最重要的就是鼎，它相当于今天的锅，形状大多数是圆肚子、口沿旁有对称的两只耳朵、肚子下有三条腿，也有一些四条腿的方鼎。鼎主要被用来烹煮和盛放大鱼大肉，就像今天我们把一整锅炖肉端上餐桌一样。在贵族的礼仪制度里，鼎扮演了最主要的角色，上到周天子，下到各国诸侯，贵族们根据不同的身份使用不同数量和规格的鼎。

殷墟出土的青铜簋　文物现藏于中国社会科学院考古研究所

传说夏朝的大禹制作了九个大鼎，被夏商周三代的王室当作政权的象征一直珍藏。到了春秋时期，周王室的势力衰落，楚庄王在攻打陆浑戎（西北的游牧部落，后来被迁到今河南伊川县）时，顺带把军队带到了周朝的首都洛邑（今河南洛阳），向周王朝示威，并且询问九鼎的大小轻重,表明楚庄王有夺取周朝天下的企图。后来"问鼎"就被用来指图谋夺取政权。而"一言九鼎"则是比喻说的话有力量,能起决定性作用。鼎不单单是一种器物,也具有丰富的政治和文化价值。

在铁器发明之前,青铜兵器一直非常流行,并且达到了非常高的工艺水平。钺是一种用来劈、砍的兵器,形状像斧头但是尺寸更大,造型厚重,显得很威严,后来作为仪仗使用,成为军事权力的象征。青铜剑则是贵族们必备的标准武器,平时作为饰品佩戴在腰间,使用的时候主要通过刺杀穿透对方的铠甲和身体。

青铜铸造技术

青铜器的制造技术在当时是真正的高科技,最主要使用的是范铸法。范铸法也叫"模铸法",先用泥制成铜器的模子,在模子表面雕刻出预先设计好的图案、花纹和铭文,等模子干了以后用火烧硬,这就是母模。再用细腻的泥从母模上翻出泥范,再烧成硬陶,这就是外范。下一步把模子表面削去一层,形成器物的光滑内表面,叫作内范,铭文就刻在内范的表面上。把内范放进外范合起来,削掉的部分留出了空隙,这就是铜器的厚度。把融化的铜水浇进陶范的空隙里,等到凝固,打破外范,取出铜器并进行适当的修整和打磨,让纹饰更加清晰,一件精美的青铜器就诞生了。一套陶范只能使用一次,所以这种方法做成的青铜器是各不相同的。那些造型特别复杂的青铜器,还要经过拼接铸造,但工艺流程是一样的。"模范"这个词后用来指学习的榜样,和青铜器从模范中产生的意思是一脉相承的。

流行了几千年的青铜器,到了汉代以后,随着铁器、陶瓷器的

青铜的颜色：吉金

发展兴盛，渐渐地失去了曾经的地位，风光不再。后来主要被作为古董和文物来收藏、欣赏，比起实用价值，人们更关心的是它所蕴

西周"颂"青铜壶（局部）　文物现藏于中国国家博物馆

含的历史和文化价值。曾经的钟鸣鼎食已经远去，在博物馆的展柜里，在灯光的照射下，它们弥漫着悠远的神秘感，好像数千年的历史就要从内部散发出来。辉煌的青铜时代已经逝去，叱咤风云的古人也已经变成了尘土，但青铜器依然存在，它们是凝固的历史，是古人智慧的结晶，也是穿越时空的信使。今天，通过欣赏它们，我们可以和遥远的历史对话，和古人对话。历史也因它们而褪去满身的铜绿，露出灿烂夺目的"吉金"本色。

神秘的古蜀王国：三星堆

商周时期，中原地区的青铜文化蓬勃发展的同时，边疆地区也孕育着多姿多彩的地域文化。其中，分布在今天四川省境内的古蜀文明尤其引人注目。然而，这个前后延续了将近两千年的古老文明，在汉代以后却几乎被遗忘，直到近代被考古学家重新认识和解读，才重现荣光。

古蜀王国

传说蜀人起源于蜀山氏，最初居住在岷江上游，从蚕丛氏开始称王，年代相当于商代早期。蚕丛之后，取而代之的是柏灌氏，再传到鱼凫（fú）氏时，古蜀国进入了农耕社会。商代末年，杜宇氏推翻了鱼凫氏的统治，还参加了武王伐纣的战争，被周王室册封为蜀王，正式建都立国，古蜀国从氏族社会进入了封建制社会。到了春秋时期，蜀国由开明王朝统治，通过东征西讨，疆域大大扩展，曾经和秦国争夺战略要地南郑（今陕西汉中南郑区），也一度和楚国互相征战。战国后期，秦国派兵从石牛道（今剑阁金牛道）攻入成都平原，吞并了蜀国，这个古老的文明才慢慢从历史中淡去。

上古时期，成都平原北侧有秦岭和大巴山的重重阻隔，和关中

黄金面具 出土于四川广汉三星堆 文物现藏于三星堆博物馆

地区交通不便，外界对这里了解有限。加上年代久远，没有文字传世，蜀国的早期历史模糊不清，更像是传说故事。唐代诗人李白在《蜀道难》一诗中感慨道："噫吁嚱，危乎高哉！蜀道之难，难于上青天！蚕丛及鱼凫，开国何茫然！尔来四万八千岁，不与秦塞通人烟。西当太白有鸟道，可以横绝峨眉巅。地崩山摧壮士死，然后天梯石栈相钩连。"这段充满了浪漫主义色彩的诗句精准描绘了古蜀国与外界隔绝的形势。

"地崩山摧壮士死"，指的是"五丁开山"的故事。相传秦惠王为了征服蜀国，送给蜀王五个美女，蜀王就派了五个壮士去接人。他们返程时，看见一条大蛇钻进山洞，一个壮士一把抓住它的尾巴，其他四人赶紧帮忙往外拉，因为用力过猛导致山崩地裂，一群人都被压死。山却因此分成了五道岭，从北方进入蜀地的道路就此打通。实际上，蜀道的开通是一个长期过程，主要集中在春秋到三国时期。经过几百年的不断开拓，四川盆地和山外的世界才实现了真正的握手。即便如此，这些道路还是很难通行，所以李白才发出感叹。

三星堆

在成都平原纵横交错的水系网络中，有一条鸭子河。它发源于平原西侧的龙门山深处，向着东南方蜿蜒而下，流经今天的广汉市西北一带。在南岸的田地里，有一道半月形的土梁，叫"月亮湾"，它的西南方不远处另有三个高高隆起的土堆，在平旷的田野上十分显眼，被称为"三星伴月堆"。这些土堆其实都是古蜀文明的遗迹，考古发掘已经证实。三星堆遗址面积达12平方公里，保存着完整的东、西、南三面城墙，月亮湾土梁则是内城墙的一部分。

距今五千至三千年前,这里正是古蜀文明的中心。

从新石器时代晚期一直到商末周初,三星堆遗址上的人类活动延续了将近两千年。古蜀人在这片土地上辛勤劳作,建立城邦,创造了特色鲜明的地方文化。从1929年当地村民挖沟时发现玉器开始,随着考古工作不断开展,地下的世界逐渐在世人眼前呈现。这里发现了大量陶器、石器、玉器、铜器、金器,造型独特,风格迥异,被考古学家称为"三星堆文化"。

1986年7月18日,人们在三星堆挖坑取土,准备运到砖瓦厂烧砖。没挖多久,土里就露出了一堆玉石。考古学家得到消息匆匆赶来,在一个长方形竖坑里发现了三百多件文物。这些来自古蜀文明的珍贵礼物让考古学家们兴奋不已,前后忙活了二十多天。俗话说好事成双,第一个坑还没挖完,在离它20米远的地方,换个地方挖土的村民一锄头下去,砸到了一个硕大的青铜面具,第二个器物坑就此重见天日。经过统计,两个大坑里一共发现了上千件金器、青铜器和玉石器,其中最耀眼的是黄金权杖、青铜大立人、青铜纵目像和青铜神树。

古蜀遗珍

黄金权杖有1.4米长,重量接近500克,是把黄金捶打成薄片再包裹木芯做成的。发现时里面的木杆已经朽掉,外层黄金依然熠熠生辉。金杖的一头雕刻着戴王冠的人头像以及飞鸟、游鱼等图案,象征着蜀王的权力和他上天入地的神通。青铜大立人和真人一样大小,加上底座后,高度超过2.6米,重达180千克。他头戴一顶高帽,大眼睛、深眼眶、高鼻梁、大耳朵,长相和中原人差别很大,身穿窄袖长袍,衣服上有龙纹、鸟纹等花纹。双手环握,两条手臂一上一下在胸前拉开,像是抓着一件东西,脚腕上戴着镯子,光脚站在方形的怪兽底座上。这座大立人应该是对古蜀王的真实写照,体现了他作为神王的庄严气象。

高度超过半米的青铜纵目像眉毛上挑,眼睛斜长,眼球纵向凸起成短柱,大耳朵像翅膀一样向两侧展开,鼻子高耸,大嘴嘴角上扬,露出神秘的微笑。奇特夸张的造型显得它神秘莫测,凸出的双眼和展开的双耳让人联想起"千里眼""顺风耳"的神奇能力。据说,古蜀王蚕丛就长着一对突出眼眶的眼睛,这件面具应该是神化了的蜀人祖先的形象。青铜神树高达 3.95 米,如果不是顶端残缺,完整的高度可能有 5 米。它从山形的底座上升起,笔直的树干上有三层树枝,每层三根,共九根。枝条轻柔下垂,上面生长着花

神秘的古蜀王国：三星堆

叶和果实，每朵花蕾上都站着一只昂首翘尾的神鸟。一条龙沿着树干攀援而下，显得威风凛凛。这棵高大的铜树是古蜀人沟通天地人神的阶梯，树上的神鸟则象征着太阳。神灵通过神树降临人间，巫师则通过它上到神界，那条龙或许就是巫师登天时的座驾。

被发现时，两座土坑里的文物都是大大小小的碎块。它们先是被敲扁砸碎，经过火烧再扔进坑里，和泥土层层夯实。古人祭祀天地时，会把动物和玉器烧掉或埋藏作为祭品。有研究据此认为这两座坑是古蜀人的祭祀坑。但是这么大批量的金、铜、玉石、骨器被一次性焚烧掩埋，似乎超出了一般祭祀的目的。也有人认为，这是古蜀国发生了改朝换代的战争或政变后，异族的胜利者故意

毁坏这些珍贵的神物,从而彻底消灭对手的文化,从精神上压倒敌人。还有人认为,这是国破家亡之前,原主人为了防止敌人得到宝物,主动销毁埋藏的。三星堆的王者和平民都已经走进历史,无法告诉我们真相,但通过这些珍贵的宝物,我们仍然可以感受到数千年前那个古老文化的神秘气息与勃勃生机,他们热烈地生存过、创造过,也闪耀过。

虎形金饰片　　文物现藏于三星堆博物馆

中华文明的发展从来都不是单线条的,各具特色的地域文化在这片广阔的土地上共同发荣滋长,不断碰撞、交流、融合,汇聚成滚滚洪流,随着时间反复激荡,才造就了今天博大深厚、多元一体的中华文明。古蜀文明虽然已经沉寂,却在中华文明的长河中获得了更持久的生命力。

牧野洋洋：武王伐纣

历史上，朝代更迭往往都要经过长期战争，并最终以一场大战决定胜负。三皇五帝时代，有炎帝、黄帝和蚩尤大战于涿鹿之野（今河北涿鹿县）的传奇故事。到了历史时期，最引人注目的则是周灭商的牧野之战。这场光荣的胜利被记录在周王的动员令里，被参战贵族铸造在用于纪念的青铜器上，也被保存在《诗经》韵律优美的歌谣里。这场战事塑造了后来的人们对于朝代更替因果规律的认知，深刻地影响了之后的中国历史。

积蓄力量

周人本来居住在岐山以北的豳（bīn）地（今陕西彬县），为了躲避北方戎狄的侵扰，举族迁徙到岐山南边的周原（在今陕西宝鸡）。经过长期经营，部落逐渐发展壮大，成了当时盟主商王朝的最大威胁。到姬昌做首领时，周方国实力继续攀升，姬昌被商王朝封为"西伯"。商纣王对他很不放心，就把他长期关押在羑（yǒu）里（今河南汤阴县羑里城），不许回到方国。文王在被囚禁期间饱受折磨，却没有消极悲观，反而坚定了和商王朝斗争的意志。后来周人献上宝马、美女等珍贵礼物，纣王大喜之下，不但释放了姬昌，还给了他征伐诸侯的大权。

回国后,姬昌处处对商纣王表示顺服,让他放松了警惕。他对内大力发展生产,任用贤才,增强国家实力;对外则积极扩张,讨伐西边和北边的小国,壮大军事实力,和诸侯国搞好关系,扩大盟友

利簋

又名"武王征商簋",其铭文记载了武王伐商之事
文物现藏于中国国家博物馆

圈。商、周两方的实力对比逐渐不相上下,姬昌就把国都向东迁到沣河西岸的丰京(今陕西西安西南),准备发动灭商战争,然而壮志未酬就去世了。临终前,他把灭商大任交托给二儿子姬发,也就是日后大名鼎鼎的周武王。姬发继承父亲的遗志,在姜尚、周公、召公等大臣的辅佐下,稳定国内局面,又把都城迁到沣河东岸的镐京,全力为以后的大战作准备。

即位后的第九年,周武王发动大军,浩浩荡荡向东方挺进。他自称"太子发",用一辆车载着周文王的神位,表示以父亲文王的名义起兵。大军从今天的陕西进入河南境内,通过函谷关(今河南灵

宝)抵达了黄河边的孟津渡口。在这段大约八百里的行军路上,大小诸侯纷纷响应,率领人马赶往孟津,据说最终有八百家之多,一时间黄河岸边旗帜飞扬、人声鼎沸。阅兵之后,诸侯纷纷劝说武王立刻进军商都朝歌(今河南鹤壁),武王却说:"你们不知晓天命,现在还不是时候。"大军虽然渡过了黄河,最后又全军撤回了镐京。

那么,武王大张旗鼓来回奔波一千多里,难道只是为了熟悉行军路线吗?答案是否定的。这次在孟津大会诸侯,其实是一场早有计划的灭商演习。由于武王继位时间不长,他的威望远远不如在位几十年、名声在外的文王,所以出征还要打着文王的旗号。周国展现了自身的强大实力,明确打出反对商朝的大旗,引得天下诸侯纷纷前来助战,实际上形成了以周国为中心的反商联盟。通过这次大阅兵,武王的威望得到很大提升,并借此试探了各方力量的态度,完全实现了自己的战略目的。

武王伐纣

周武王十一年,商王朝内部越发混乱,纣王杀死叔叔比干,囚禁叔叔箕子,搞得国内人心惶惶,掌管国家典礼音乐的乐师甚至带着乐器逃到了周人那里。在这之前,商王朝进军东方,和东夷势力长期作战,虽然屡屡战胜,却透支了国力,导致国库空虚,人民生活艰难。周武王判断,消灭商朝的时机已经成熟,就向同盟诸侯发出动员令,声称商王朝犯下大罪,必须顺应天命和人心,起兵讨伐。年底,周人集结起四万五千人的大军,加上三百辆战车和三千精锐,再次渡过孟津。各地诸侯都赶来汇合,又带来了四千辆战车。周武王对全体将士发表演说,声讨商纣王的暴虐行为,称自己出兵是遵照上天的意志惩罚罪恶,鼓动大军一举破商。

第二年二月甲子日凌晨,大军来到了朝歌城郊外的牧野。周武王左手拄着黄钺,右手握着装饰了白色牦牛尾巴的旗子,以最高军事长官的身份举行誓师,鼓舞全军士气。他再次向全军宣扬商纣王的暴行,强调这次战争是"天罚",要求军队在行军和作战中全力保持阵型,奋勇作战,但不要攻击投降的敌人,而是把他们吸收到自己这边来。商纣王听说周人来攻,仓促集结了数十万大军迎战,其中有很多凑数的奴隶和俘虏,完全没有战斗力,反而盼着周军前来攻打。交战一开始,周军就击破了商军阵型,一部分商军战场反水,加入周军一起攻击纣王军队,商军彻底崩溃,四散奔逃。纣王逃进朝歌城,在宫内建筑鹿台上自焚而死,保持了作为国君的最后体面。周军占领朝歌,这时天才刚刚黑下来而已。

战争是政治的延续,也是为政治服务的。周人在正式讨伐商纣王之前,通过强化内政、对外扩张、广泛建立同盟,先在政治上作好了准备。获胜后,武王举行仪式,向祖先和上天报告胜利的消息。他把商朝百姓仍然封给纣王的儿子武庚管理,派自己的弟弟管叔、蔡叔留守东方;释放被囚禁的箕子和百姓,散发钱

春秋中晚期玉戈
文物现藏于沂水县博物馆

牧野洋洋：武王伐纣

财和粮食赈济贫苦的人。等到局势稳定，周武王带着商朝的九鼎撤军回到镐京，在那里大封诸侯，重新制定了天下的秩序，周天子成了真正的天下共主。根据天文学的研究，牧野之战发生在公元前1046年，这是周王朝的起点，直到公元前256年秦国灭掉西周公国，周王朝竟然存在了将近八百年。

有命自天

在伐纣的过程中，周武王始终把"天命"挂在嘴边，把对商王朝的进攻称为受天命以惩治罪恶。所谓"天命"，就是新政权合法性的来源，是上天把神圣的王位交给有德行的人间圣王，让他们来统治万民。《诗经·大明》篇是周朝的开国史诗，其中有这样一段："有命自天，命此文王。于周于京，缵（zuǎn）女维莘。长子维行，笃生武王。保右命尔，燮（xiè）伐大商。殷商之旅，其会如林。矢于牧野，维予侯兴。上帝临女，无贰尔心。"是说文王和武王讨伐商王朝是天命所归，牧野之战的胜利也是上天注定的。

两千多年来，人们相信朝代的更替是由于天命的变化，这成为一个普遍的说法。周人这么说，之后的历代王朝也这么说，仿佛真有一个飘在天上的最高意志在俯视人间，拨弄着历史的进程。然而，天命看不见摸不着，改朝换代最终离不开武力的征服。"扫帚不到，灰尘照例不会自己跑掉"，天命和武力实际是一回事，只是对胜利者来说，"天命"总是比"武力"更体面一些。

"牧野洋洋，檀车煌煌，驷騵（yuán）彭彭。维师尚父，时维鹰扬。凉彼武王，肆伐大商，会朝清明。"这是《诗经·大明》在赞颂文王、武王的天命之后描写牧野战场的句子，恰好可以作为"武力"的一个注脚。

郁郁乎文哉：周人的礼乐

在成长过程中，我们常常被教导要讲文明、懂礼貌。在日常生活和人际交往中，为了调节彼此的关系，更好地实现沟通和交流，人们说话办事要讲究礼节，并形成一整套固定的规范，被总称为"礼"。"礼"就是指导人们行为的总规则，是必须遵守的做事规范。对"礼"的不懈追求深深地扎根在我们的文化和历史里，从古至今一脉相承。

周人的礼乐

新石器时代，人类社会已经形成了最初的礼仪规范。虽然具体内容正无法确切知道，但是考古发现的远古墓葬直观呈现了先民们的丧葬制度，这正是礼仪中的重要内容之一。古人祭祀神灵并祈求福报，也要按照一定的规程举行仪式。我国很多地方至今还保留着跳傩（nuó）戏的习俗，这是一种古老的祭神驱鬼舞蹈，可以追溯到商周时期的原始信仰，今天安徽省南部的贵池傩就是其中之一。每年正月，人们要恭敬地举行迎送傩神的活动，戴着木雕面具载歌载舞，从表演中还能领略古人祭神活动的一丝风貌。

西周时期，人们系统地总结了前代的政治制度和礼仪规则，结合新王朝的现实需要，制定了一套更加详尽的治国规范。一般把

郁郁乎文哉：周人的礼乐

这件大事称为周公"制礼作乐"，这当然不是一个人能完成的事情，周公在其中应该是扮演了领导者的角色。从此以后，礼乐慢慢脱离了宗教的神秘，更加贴近现实生活，成为贵族生活和国家政治的行动指南，发展出内涵丰富的礼乐文明。

原始青瓷甬钟　文物现藏于南京博物院

今天我们所能了解到的周代礼乐，主要来源于三部书。《周礼》记载了各种官职的具体职能，大到规划建设都城，小到管理日常饮食和餐具使用，为人类社会设计了一套理想模型。《仪礼》则是仪式指南，详细规定了祭祀祖先神灵、婚丧嫁娶、行军出征、聚会宴饮、社交往来等众多日常活动的具体流程。《礼记》除了增补一些具体的礼仪规范，主要内容是分析、讨论礼的起源、性质、意义和作用，有很高的理论价值。这三部书虽然是后人总结形成的，却基本能够反映周代礼制的面貌。

礼乐的意义

当时，礼乐的作用在于规范人的行为，调和人的内心，使人们待人接物能够谦虚有礼，大方得体。这种积极影响扩展到社会层面，就能增进人与人之间的亲近感，化解等级制度带来的矛盾和对立，从而实现社会稳定。对古代君主来说，推广礼乐是一项重要工作，可以让拥有不同身份地位、不同地域的人安于现状，和谐共处，有助于维护统治秩序。在古人的观念里，人间的礼乐甚至可以和天地的秩序相呼应，这是中国传统文化最为突出的一个特点。

春秋时期，鲁昭公出访晋国，从抵达晋国受到迎接到结束访问回国，他的行为举止都恰到好处，没有任何不符合礼仪的地方。晋平公赞叹不已，认为他非常懂礼。大臣叔齐却说："鲁侯怎么能算懂礼呢！"晋平公说："鲁侯从欢迎仪式到临别赠送礼物都没有违背礼仪，怎么能说他不懂礼？"叔齐回答："那只是仪式，还不能叫作礼。"晋平公无法理解，叔齐解释说："作为国君，能守住国家并掌管国政，不失去人民，才能算是有礼。现在鲁国的国政都掌握在大夫手里，国君却无能为力。他不能任用贤人，和大国结盟的同时又去欺负小国。鲁国的三桓家族势力越来越大，人民纷纷投靠他们，鲁侯已经失去了民心，处境很危险。作为一国国君，他不主动应对严重的危机，只把心思花在这些表面仪式上，本末颠倒，怎么能说是懂礼呢？"当时有见识的人都称赞叔齐真正懂得什么是礼。

在这个故事里，叔齐所说的"礼"是国家大政。作为国君，必须掌握治国的权力，并且能够统治广大的人民，否则迎来送往的小节做得再好，也是没有用处的。孔子说"君君臣臣，父父子子"，从周天子到诸侯、大臣，都要在既定的政治秩序下活动，君臣之道才是最大的礼。春秋以来，随着周天子权威的衰落，诸侯纷纷起来争霸，诸侯国内部的权臣们又逐渐掌握了政权，甚至取代了自己的君主。周代封建制度下的政治秩序逐渐崩溃,就是所谓的"礼崩乐坏"。

"虢季"铜甬钟,器铭为"虢季作宝"
文物现藏于河南博物院

《左传》这部史书记载了春秋二百多年的历史,既告诉人们什么是礼,也揭露那些不合礼的行为。鲁隐公六年(前717),王都洛邑附近发生了饥荒,周天子派人向鲁君告急,鲁君联合宋、齐、卫、郑四国一起送粮救济。诸侯对周天子尽义务,是符合礼的行为。从今天的视角看,在面对灾难时,一方有难,八方支援,也是值得肯定的积极举动。鲁隐公八年(前715),齐国出面调停宋、卫两国和郑国之间的战争,各方最终冰释前嫌,达成了友好的盟约。齐国维护和平的行为是符合礼的,也和现代人的价值判断一致。

鲁成公九年(前582),晋国攻打郑国,郑国派使者去求和,晋国人却杀死郑国使者,拒绝和谈,这是不合礼的。两国交兵,不斩来使,这是从古至今都广泛认可的原则。鲁宣公十六年(前593),为了增加财政收入,鲁国开始按亩征收田税。这种做法违反古制,加重了农民负担,《左传》作者认为是不合礼的。但是从今天的角度来看,征收田亩税从法律上肯定了土地私有制,更有利于生产力的解放,反而是一种进步的历史现象。

随着时代的发展,有些礼失去了存在的价值,比如繁琐的祭祀鬼神的礼仪;有些礼在形式上发生了变化,比如现代婚礼比起古代已经大大简化。我们遵守的各种文明规则、交往礼节,不管形式怎么变,意义和根本内涵却始终如一,就是要调和人际关系,促进社会和谐。礼的精神没有过时,过时的只是各种外在的礼仪形式。作为中国文化的基本元素,礼已经融入了我们的生活和思想中,成为每个人意识不到却又无处不在的日常,仍然保持着旺盛的生命力。

古老而丰富的周礼涉及政治、经济、军事等国家大事,也涵盖了人际关系中的各种复杂情况,可以说无所不包。孔子曾经称赞周礼说:"周监于二代,郁郁乎文哉!吾从周。"在他看来,周礼是在吸收了夏、商两代礼制的基础上形成的。它有选择地继承了之前的文明成果,又创造出新的礼制文化,从而形成了完善的礼仪制度。文化的发展是个动态过程,今天我们对待传统文化也应该一分为二,批判地加以学习和继承。只有这样,才能更好地弘扬中华优秀传统文化,让它在新的历史条件下发挥出更大作用。

比德于玉：美石的价值

翻开字典，查找"王"字旁（又称"斜玉旁"），细看它们的解释，很多指的都是不同种类的玉。其实，在古文字里，"王"字和"玉"字虽然写法相近，但意义完全不同。"王"的本意是一件刃口朝下的战斧，象征着军事统帅的权威，进而演变为对最高统治者的称谓；"玉"却是用绳子串起来的几块宝石的样子。随着字形的演变，二者逐渐被写成同样的"王"字形，为了表示区别，又在右下角加了一个点，才产生了"玉"字。这些纷繁多样的以"玉"（王）为偏旁的汉字，充分说明了玉器在古人生活中的重要性，所以他们才会细心分辨不同种类的玉，并用不同的字来冠名。

玉的作用

玉器在中国古代文明的发展过程中扮演了非常重要的角色。透过它们，古人得以标志身份、认识世界、沟通自然。在史前社会，玉是巫师和首领们身份、地位的象征，是沟通天地和神灵的法器，兼具礼仪性和神圣性。红山文化中有玉龙和云形玉佩，良渚文化中则有雕刻了神人兽面纹饰的大型玉璧、玉琮。即使在今天看来，制造这些器物也不是件简单的事，需要大量财力、充分的智慧和精湛的工艺，堪称史前社会的高端制造业。

夏商周时期，玉器主要为现实政治和生活服务。祭祀、外交、征战、婚丧嫁娶等礼仪活动中都要使用相应的玉器，如圭、璋、璧、琮之类。人们把玉的特质和君子的美德关联起来，把它当成美好人格和品德的象征。比如，玉的温润好比"仁"，致密坚硬好比"智"，有棱角而不伤人好比"义"，优点和缺点都一目了然好比"忠"。所以，君子十分看重玉，既是欣赏它的美，也是对自我人格完善的追求，玉与人的内在品质紧密结合，文化内涵进一步丰富。周代的高等级墓葬里往往出土成组的玉佩，贵族把它们垂挂在腰间，走动时发出清脆悦耳的声音，也敦促人们注意自己的行为举止，否则玉声就会凌乱而无节奏。

浙江良渚文化出土的玉琮
文物现藏于南京博物院

春秋时期，玉器常常作为国家间交往的赠送礼物，在国事活动中出镜率非常高。晋献公想要吞并邻近的虢（guó）国（今山西平陆、河南三门峡一带），他的大臣荀（xún）息出了个主意，让献公把自己珍爱的宝马和美玉送给虞国国君，从而借道虞国进攻虢国，并说，等灭掉了虢国再拿下虞国，宝物只是暂时寄存在虞国而已。晋献公听从了荀息的计划，派使者带着宝马、美玉去虞国交涉，虞公见到重宝大喜过望，欣然同意借道。虞国大臣宫之奇看破了晋国的用心，劝谏虞公要警

比德于玉：美石的价值

惕晋国的野心。虞公贪图宝物，执迷不悟，两次借道给晋国。晋国灭掉虢国返程的时候，突然发动袭击，俘虏了虞公和他的大臣们，不费吹灰之力灭了虞国，宝马和美玉也回到了晋献公的手里。

河南三门峡虢国墓地出土的西周龙纹璧　文物现藏于虢国博物馆

和氏璧

虞公贪图美玉而灭国的事固然可叹，卞和与和氏璧的故事就可说是悲情了。今天的安徽怀远县有一座荆山，相传春秋时期，楚国人卞和在这里砍柴时发现了一块璞玉，他认为这是件宝物，于是献给了楚厉王。玉工鉴定之后却认为是普通石头，气愤的厉王认定卞和故意欺骗自己，下令砍掉他的左脚。到了楚武王在位的时候，心有不甘的卞和又来献宝。这次的玉工依然不识货，只当是块普通石头，武王一怒之下又下令砍掉了他的右脚。等到楚文王即位，悲愤的卞和抱着这块璞玉在荆山下痛哭失声，眼泪哭干，眼睛流出了血。文王知道了，派人来了解情况，卞和说：我不是因为自己被砍了双脚悲伤，而是为宝玉被当成石头、诚实的人被当成骗子而悲伤。于是文王让玉工来雕琢这块璞玉，果然从中得到了一块宝玉，于是把它叫作"和氏璧"，卞和的石头这才成了一件天下闻名的宝物。

楚文王没舍得把和氏璧做成器物，一直珍藏在王宫里。几百年后的战国时期，楚威王把它赐给了相国昭阳，昭阳外出游玩的时候拿出来向宾客显摆，结果和氏璧莫名其妙不见了。几十年后和氏璧又在赵国的市场上出现，被赵惠文王收入囊中。秦昭王听到消息，也想得到这块宝玉，声称愿意用十五座城池来和赵王交换。赵国和秦国相比处于弱势，不敢得罪秦国，却又怕秦国得了宝玉不给城池，一时间进退两难。最后是一个小臣蔺（lìn）相如奉命带着和氏璧出使秦

红山文化出土的玉龙　文物现藏于中国国家博物馆

国，经过一番周折，把宝玉完整带回了赵国，秦王未能得到宝玉，赵国也得以保全。蔺相如立下大功，被赵王封为上大夫，身份地位直线上升。

比德于玉

跨越数百年的时光，众多历史人物围绕着和氏璧发生了虚虚

比德于玉:美石的价值

实实的传奇故事,今天的人们仍然津津乐道。《诗经》里说"投我以木桃,报之以琼瑶"。这是个人交往中的深情厚谊,也可以推广到国家交往中的礼尚往来。又说"有匪君子,如切如磋,如琢如磨",这是借制玉过程来形容君子的自我修养和道德完善。玉所代表的美好品质是中华优秀传统文化的重要构成部分。那些或大或小的美丽石块,承载了古人的现实利益,也寄托着他们的道德理想,是古代物质文化和精神文化的精髓所在。

玉文化从近万年前萌发,虽然几经变化,依然在中国人的生活里焕发着勃勃生机。今天的玉器已经褪去了源自上古的神秘,远离了现实政治,回归了人们对于优美形态和美好品质的最初向往。商店里琳琅满目的玉器最终会飞入寻常百姓家,装点着现代人的生活。比起上古神巫沟通天地的法器、三代贵族讲礼修德的礼器,它们更加生动清新,贴近平凡而具体的生活。时代在变,人的衣着打扮在变,玉的造型风格在变,不变的是人们追求美好、磨砺品德的那份质朴心愿。

良渚文化出土的玉琮　文物现藏于浙江省文物考古研究所

子子孙孙永宝用：金文

商周时期的青铜器十分发达，它们是当时统治阶级礼制发展的象征，贵族们使用青铜器祭祀祖先，同时彰显自己的身份和财富。青铜器被用来烹饪、盛装食物和酒水、演奏音乐，是贵族生活中不可或缺的物品之一。当时的贵族制造青铜器时，常常把自己的名字或者本族图腾留在上面，用来标识所有权；有些还记载了制作器物的时间和原因，希望后世子孙好好保存使用。青铜被称为"吉金"，所以这些被铸刻在青铜器上的文字就叫"金文"。

金　文

金文主要以铸和刻两种方式制做，前者是在制造铜器时一起浇铸形成，后者则刻写在已经铸成的铜器上。早在汉代，人们就经常发现商周的青铜器，并认识到上面的铭文是古代的文字。汉宣帝时，在今天的陕西省武功县出土了一件铜鼎，当地把它作为祥瑞献给朝廷，但鼎上的铭文没人认识。有个叫张敞的大臣平时对古代的铜器铭文很有研究，他成功释读了铭文，发现这是一个叫"尸臣"的人得到周天子的任命和赏赐后特意制作的。

早期的铜器铭文只有很少的几个字，往往是铸造者本人或者其祖先、部族的名字。到周代,金文得到了很大发展,篇幅从十几个字到几十个字乃至上百字的长篇铭文纷纷涌现。目前发现的金文有三千多字,其中大部分已经被识别出来。和甲骨文相比,金文的字体更加整齐厚重,风格也变化多样。有些长篇铭文本身就是很好的书法作品,被今天的人们欣赏、临摹。

西周不其簋器盖,器铭记载了器主人奉命抗击猃狁一事
文物现藏于中国国家博物馆

金文所记录的内容相当丰富,包括祭祀、赐命、征战、围猎、盟约、贸易等各种活动,反映了当时社会生活的不同侧面,一些重大历史事件也有所体现。由于商周时期的史书流传下来的很少,这些铜器铭文的重要性不言而喻,作为当时人们留下的原始档案资料,可以说是一部古代社会的百科全书。

战争记录

1976年3月,陕西省临潼县南罗村的村民挖土时发现了一个一米多深的窖藏坑,里面足足有一百五十多件青铜器,包括礼器、乐器、车马器,等等。其中最引人注目的是一件圆形两耳带方座的簋(guǐ)。簋是一种礼器，用来盛装煮熟的粮食，在商周时期普遍流行。这件铜簋的内底上铸造了四行共三十三个字的铭文，篇幅虽然不长，内容却有很高价值。铭文说，周武王出兵征讨商纣王，一夜之间就灭掉了商。在岁星(木星)当空的甲子日早上，周人占领了朝歌城。八天后的辛未日，武王论功行赏，赐给担任右史的利一批铜、锡等金属，利就用这些材料制作祭器，纪念他的祖先檀公。因为铸造这件铜簋的人叫"利"，所以它被命名为"利簋"，依据铭文内容，又叫"武王征商簋"。铭文所载和《尚书》记录的武王伐纣时间一致，是一件非常珍贵的文物，出土后一直陈列在北京中国国家博物馆展厅，并且被禁止出国展览。

另外一件著名的西周青铜器虢季子白盘，清朝道光年间出土于今陕西宝鸡。它的直径将近1.4米，看上去像个大浴缸，内底

晋侯稣钟上的刻写金文　文物现藏于山西博物院

铸造了一百一十一个字的铭文，排列整齐有序。这篇铭文记述了周宣王时期对猃(xiǎn)狁(yǔn)的一次战争。猃狁是商周时期活

动在今天陕西、甘肃北部以及宁夏、内蒙古西部的游牧民族,西周时期,猃狁的势力逐渐强大起来,威胁着周王朝的北部边境,周宣王曾经多次派兵抗击。青铜盘的主人虢季子白就是周宣王十二年这次战争的亲历者。他英勇善战,在洛水北岸打败了猃狁,杀死了五百个狄人,还活捉了五十个俘虏,成为全军的先驱。周宣王举行隆重的典礼,向祖先报告战胜的消息,同时表彰虢季子白的功绩,赐给他配有四匹马的战车、朱红色的弓箭和大钺,让他辅佐君王,征伐蛮夷。事后,虢季子白特意制作了大盘来纪念这场光荣的胜利。

值得注意的是,这篇铭文的句式以四字为主,全文押韵,读起来朗朗上口,十分优美,和《诗经》的风格相似。比如,《小雅·采薇》以一个作战归来的士兵的口吻描述了自己的军旅生涯,"靡室靡家,猃狁之故。不遑启居,猃狁之故"。为了和猃狁战斗,他们离开家乡,在征战中奔波劳累,但始终忠于职守。然而战争迟迟不结束,战士们得不到休息,疲惫的时候思念家乡,不免满腔忧愁,内心感到悲痛。如果说虢季子白的诗篇讲述的是高级将领的无上荣耀,《采薇》则是底层士兵的生命乐章。两者对比,让我们对两千多年前的战争和战争中的人有了更加丰富而具体的理解。

铭文的最后两句说"子子孙孙,万年无疆",这是青铜器铭文常见的结束语,寄托了作器者的美好愿望。虢季子白希望自己的后世子孙绵延不绝、永葆荣光。然而时移世易,一家一族的繁荣终究难以长久维持。也许是因为遭遇战乱,他的后人把这件铜盘和其他器物一起埋进窖藏坑,却再也没有机会打开了。

商贸记录

除了战争这样的国家大事,一些金文篇目还涉及奴隶贸易、土地买卖等经济活动。曶鼎的铭文记载了两个人因为买卖奴隶而发生纠纷的事情。买方名字叫"曶",他和效父等人约定用一匹马和一束丝交换五名奴隶,本来生意已经谈妥,卖方却觉得一匹马、一束丝不好分配,想要曶用三百斤铜来支付,曶同意之后卖方又变卦,临时加价,因此双方发生纠纷。曶到狱讼官邢叔那里告状,邢叔判决要求卖方履行约定,按照原定的三百斤铜把五个奴隶卖给曶,这件事才算告一段落。这说明当时除了物物交换,铜也已经具有了货币的职能。

卫盉的铭文则记载了周恭王时发生的一次土地交易。一个叫矩伯的贵族为了获得朝觐周天子所需要准备的东西,也就是价值八十朋的玉器和价值二十朋的礼服,分两次付给了卖家裘卫一千三百亩土地。裘卫把这笔大生意报告给执政大臣,得到认可后进行了授田仪式,确认了这次土地所有权转移的合法性。可见,当时的土地买卖需要经过官方认可,并办理过户手续。"朋"指的是成串的贝壳,在当时是十分贵

西周晚期虢季子白盘铭文(局部)
文物现藏于中国国家博物馆

重的货币。这里的贝壳是海贝,对于中原地区来说非常难得,所以

价值很高,成了商品交换的媒介,被当作钱币使用。我们现在使用的汉字中,凡是和财富、交易有关的字几乎都有"贝"字旁,如"财""贵""贷""赐"等,这正是使用贝币的证明。

通过以上几个例子,我们已经可以领略金文所蕴含的丰富历史信息。这些或长或短的篇章,史料价值比传世文献要高很多,是认识和研究古代历史的第一手材料。其中所记载的事情大多是事

西周兴簋铭文　文物现藏于宝鸡周原博物馆

件刚发生时,由当事人亲自或委托别人写下的,没有被后人删改和修订,也没有掺入后人的想法和观点,是未经加工的古代文件,能够客观反映当时的事实。这些文字里有国家大事,也有日常生活。制作这些青铜器的人虽然没有实现"子子孙孙,万年无疆"的愿望,却通过金文向数千年后的我们传递了丰富的信息,从另一个层面上实现了不朽。

烽火戏诸侯：幽王与平王

洛阳是一座历史悠久的城市，作为我国著名的古都，曾有二十多个王朝先后在这里建都。西周初年，为了控制东方进而经营天下，由周公主持在洛河以北、瀍（chán）河东西建造了两座新城，总称"洛邑"。西面是王城，诸侯在这里朝觐周天子；东面是成周，用以驻扎军队并安置迁来的商人。考古发掘已经证实，王城遗址就在今天洛阳市的王城公园附近。

当时，周人刚刚取得天下，正是意气昂扬大搞建设的时候，洛邑是王朝进取精神的象征。两百多年后，当周平王把都城从镐京迁来时，最初的生气已经萎靡。之后的五百多年里，周天子的地位和威望逐渐滑坡，只能困守洛邑王城，看着春秋战国那些强大的诸侯纵横天下了。

幽王烽火戏诸侯

对任何王朝来说，迁都都是要慎重对待的大事。周平王迁都洛邑，是迫于形势不得不这样做。这件事的起因要追溯到他的父亲周幽王。周幽王是西周的第十二任君主，他的王后是申侯的女儿。申国是受封在今天河南南阳一带的强国，和周王室一直有姻

烽火戏诸侯：幽王与平王

亲关系，长期以来都是周王朝南部边境的重要屏障。申王后生下了儿子姬宜臼，后来被立为太子，不出问题的话，他将会进入文王、武王以来的神圣君主序列，成为第十三任周王。申侯也对外孙满怀期待，毕竟这样一来，自己和王室的关系会更加亲密，政治地位就能得到有效保障。

明代《帝鉴图说》中有关烽火戏诸侯的"戏举烽火"

当时镐京所在的关中地区频繁发生自然灾害，连年干旱导致河水枯竭，严重影响了农业生产。岐山一带又发生地震，以至于山体崩塌。惶恐不安的百姓们饥寒交迫，只能到处流亡，原本和谐的社会秩序遭到了沉重打击。然而，周幽王却不是个可靠的君主，面对严峻的局面，他不但不采取措施赈济百姓、稳定政局，反而任用奸臣虢石父执掌日常政务，自己只管贪图享乐。虢石父善于溜须拍马，对幽王总是投其所好，很得他的欢心。为了满足幽王的奢侈享受，他想尽办法盘剥百姓，搜刮了大笔财富。在自然灾害和暴政的双重打击下，百姓们生存艰难，怨气过重，周朝的统治出现了危机。

在周王朝的西北，今天的陕西、甘肃一带，活跃着一支叫"犬戎"的游牧民族，他们经常向东侵扰镐京地区。每当这时，周王就要号召各地诸侯派兵前来救援。幽王有个特别宠爱的妃子叫褒姒，据说褒姒天生不爱笑，幽王想尽办法也难以让她笑出来。虢石父就出了个馊主意，让幽王点燃骊山上的烽火，向诸侯假传消息，骗他们出兵以取乐。幽王照办，各地诸侯带兵匆匆赶到，却连犬戎的影子都没看到。褒姒看到千军万马扑了个空，乱成一团，不由得笑了起来。周幽王见这招有效，就又用了几次，诸侯们屡次被戏弄之后，对周王室非常不满，渐渐地再也不来了。

幽王对此却浑不在意，一门心思在盘算另外一件大事。宠妃褒姒生的儿子叫姬伯服，因为母亲受宠，也很受幽王喜爱。两相对比之下，幽王再看申后和太子宜臼就不那么顺眼了。加上褒姒从旁鼓动，久而久之，他竟然动了废掉王后母子二人、另立褒姒和伯服的想法。到了在位的第八年（前774），幽王不顾王室贵族的激烈反对，废太子宜臼，改立伯服，随后又废掉申后，立褒姒为王后。

烽火戏诸侯：幽王与平王

这番举动违背了宗法制度中最为关键的嫡长子继承制，最应该遵守礼制的周天子却带头破坏礼制，消息传出，各地诸侯一片哗然。外戚申侯更是怨气冲天，申国和周王室的关系产生了严重裂痕。

幽王知道申侯肯定心怀不满，决定先发制人，派兵消灭申国。自从得知女儿和外孙被废，申侯一直十分警惕王室的动向，在幽王动手前就得到了消息，自然不肯坐以待毙。公元前771年，他联合邻近的鄫国（在今河南方城）以及西北的犬戎，一起攻入了镐京。惊慌失措的周幽王急忙命人点燃烽火，烈焰浓烟直上天空，却始终没有诸侯赶来救驾。幽王带着褒姒、伯服仓皇逃出王宫，一路上随从人员越来越少，逃到骊山的时候被犬戎追上，幽王和伯服被当场杀死。犬戎俘虏了褒姒，把镐京里的珍宝和财物全部抢走，然后放

战国时期的"玄镠（fú）之用"铜戈　文物现藏于河南博物院

了一把大火,退回了西北老家。

诸侯们得知消息,带着大队人马赶来救援,却只看到了被洗劫一空后残破的镐京。国不可一日无君,原太子宜臼恢复了身份,在申侯、鲁侯和许文公等诸侯的拥戴下登上了王位,史称周平王。

平王迁都洛邑

由于镐京遭到严重破坏,西北的犬戎又常来进犯,作为都城已经不合适,第二年,平王就在诸侯的护送下将都城迁到了洛邑。在这里,他任命郑武公和晋文侯一同辅佐王室,勉强稳住了局面。东迁之后的周朝历史上称为"东周",从周武王立国至周幽王被杀的时期则称为"西周"。

周平王在洛邑做了五十年天子,王室的权力和能够直接控制的军事力量却渐渐丧失,虽然还保留着名义上的共主地位,很多时候却要看诸侯的脸色行事。郑国是当时的强国之一,郑武公、郑庄公父子相继担任周朝的执政大臣。平王不希望郑庄公把持朝政,

虎形金车舆饰,出土于甘肃天水马家塬,是战国时期西戎酋长马车的装饰
文物现藏于甘肃省文物考古研究所

想趁他来上任之前撤掉他的职务,另行委任虢公。郑庄公得知消息,马上赶到洛邑兴师问罪,结果平王不但赔礼道歉,还把儿子送到郑国做人质,郑庄公也送了一个儿子到洛邑来,史称"周郑交质"。身为君主的平王把自己摆在了和臣子对等的地位上,靠人质来维持相互信任,所谓"礼崩乐坏"不外如是,周王的权威事实上已经崩溃了。

东迁以后,周王室离开了关中地区经营了二百多年的大本营,只拥有今天河南西北部方圆六百里的一片土地,相当于一个中等诸侯国,实力急剧下降。洛邑虽然处于天下之中,却没有险要的地势可以凭仗,四面受敌。后来,在四周戎狄部落和诸侯的不断侵逼下,周天子直辖的国土越来越萎缩,仅局限在洛邑周围,诸侯的势力却不断坐大。郑、晋、齐、鲁、宋、楚等国为了争夺土地、人口和天下霸权,不断互相攻伐,历史进入了诸侯争霸的动荡时期。

后世回顾这段历史,感慨于西周的灭亡和东周的衰微,往往把问题追究到幽王"烽火戏诸侯"上。这件事听起来很传奇,却像是一个寓言故事,一个古代版的"狼来了"。诸侯们距离镐京有远有近,就算见到烽火,也不可能同时赶到。况且军队行军会派出探路的侦察兵,后方的大军可以提前知道前方有没有敌人,不会慌慌张张狼狈不堪。诸侯们赶来救援的样子也实在没有什么可笑的。这个故事很可能是当时流行的野史传说,主要是为了说明周幽王作为君主行为不端,失去了诸侯的信任。这虽然未必是切实发生的历史事实,却从某种程度上反映了历史的本质。

圣人与常人：千秋孔子

今天，如果我们去山东曲阜参观，一定不会错过"三孔"，也就是孔庙、孔府、孔林。孔庙是祭祀孔子的地方，孔府是孔子的后代们居住的房子，孔林则是孔氏家族墓地所在。经过历代不断增修和改造，这些建筑和景观都非常宏伟，而所有的荣耀都可以追溯到一个生活在两千五百多年前的人——孔子。

孔子其人

孔子本名叫"孔丘"，是春秋时期的鲁国人，但祖上是宋国的贵族，可以追溯到商朝的开国君主商汤，因为宋国发生战乱，他们才举家逃到鲁国，相当于从河南人变成了山东人。孔子出生在鲁国，也在这里长大。据说，出生时候他的头顶是凹陷下去的，所以给他起名"丘"。三岁的时候，他的父亲叔梁纥（hé）去世了，他就和母亲来到曲阜生活，因为家庭条件不好，很多大大小小的活计都要自己动手，反而锻炼了他各方面的能力。

孔子小时候就比较成熟，玩的游戏都和其他小朋友不一样。他喜欢摆弄各种祭器，模仿大人们举行祭祀礼仪。年纪轻轻就掌握了丰富的知识，又很懂礼仪，有眼光的人都看好他，认为他的品

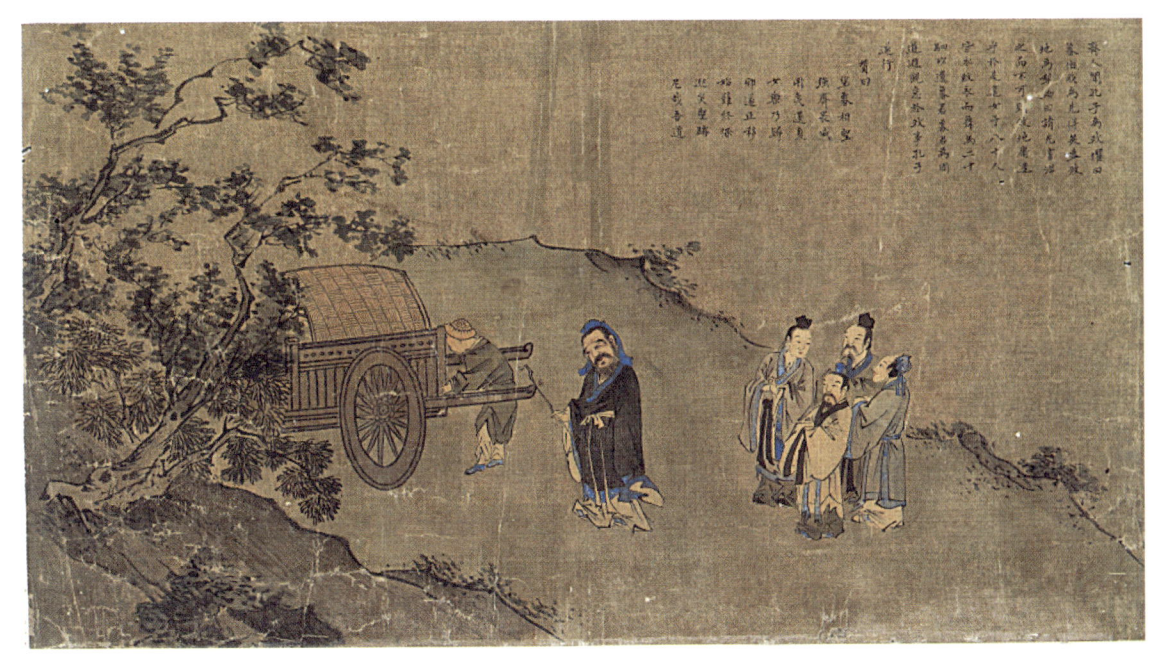

《孔子圣迹图》之"因膰去鲁" 齐国担心鲁国强大,挑选了美女、俊马送给鲁国国君,国君自此沉迷于享乐,疏于礼乐,郊祭后没有按礼节赐大夫们祭祀用的肉,孔子因此辞官。

德和聪明才智突出,一定会扬名天下。长大成人以后,他身高九尺六寸,近两米,人们都叫他"长人",是个真正的山东大汉。

  工作以后,孔子先是做了鲁国贵族季氏家族的仓库管理员,把钱粮账目算得一清二楚;之后做了管理牲畜的小官,他放牧的牲口也越养越多。可见,孔子是个能力很强的人。后来,他离开鲁国,到齐国去谋生,却被排斥,再转到宋、卫两国,还是被人赶出来,又在陈、蔡两国间被困。在其他国家漂泊了很久之后,孔子还是回到了鲁国。这就是他一生的行动轨迹,基本还是在今天的山东、河南一带活动。

《孔子圣迹图》之"退修诗书" 鲁定公时,季孙氏僭越公室,大臣们掌握国家政事,孔子看不惯这种礼崩乐坏的局面,不求做官,专心修诗书、定礼乐。

施政鲁国

当时鲁国有个大臣叫季桓子,他控制了鲁国的政权,势力大到不把国君放在眼里。季桓子的两个家臣仲梁怀和阳虎结了仇,阳虎就把仲梁怀抓了起来。季桓子的权威被家臣冒犯了,十分生气,阳虎却把季桓子也抓了起来,和他盟誓之后才释放他。尽管只是季桓子的家臣,阳虎却逐渐掌握了鲁国的实权。从此以后,鲁国的贵族们都更加不守规矩,胡作非为起来,政治秩序非常混乱。这种情形下,孔子就不愿意再做官,躲在家里专心研究、整理《诗》《书》《礼》《乐》这些古代典籍,他的名声越来越大,学生越来越多,各地的人都来拜他做老师。后来鲁定公让孔子做中都(今山东汶上县)的地方官,工作一年业绩就很突出,很快升任司空,又由司空升任大司寇,相当于现在的司法部长。

做了高官,真正参与国家大事,孔子终于能够实现自己的政治理想。他上任管理才三个月,商人就不敢随意哄抬物价,掉在路上的东西没人捡,外面的人来到鲁国,都会受到热情接待,宾至如归。但好景不长,因为鲁国掌权的季氏不能严格要求自己,沉迷于享受,国家的政治逐渐败坏。孔子再次离开了鲁国,和学生们一起周游列国,十四年之后才回归故土。

周游列国

春秋时代,随着社会的发展,周王室的权威已经逐渐衰落,各国国君不再尊崇周天子,很多时候都自行其是,国君也常常被强势的臣子挟制,身不由己。诸侯国之间经常打仗,一国之内的贵族也不停地争斗。周王朝建立的分封制下的秩序濒临崩溃。孔子看到这种现象,忧心忡忡,希望能够恢复原来的礼乐制度,让天下的秩序得到整顿,人民可以安定生活。孔子说:"国君要像个国君,臣子要像个臣子,父亲要像个父亲,儿子要像个儿子。"又说:"为政在于节约财物。"他的出发点虽然很好,但已经不能适应当时的社会发展状况了,所以虽然去了很多国家,却都实现不了自己的政治理想。

在郑国,孔子一度和学生们失散了,他就一个人站在外城的东门口张望。有人看到了他,就对他的学生子贡说:"东门那里站有一个人,额头像唐尧,脖子像皋陶,肩膀像子产,可是从腰以下比禹短了三寸,疲惫倒霉的样子像个没了主人的狗。"子贡把这话告诉孔子,他却笑着说:"一个人长相怎么样并不重要,但他说我像只没了主人的狗,还真是没错!"他很豁达地面对无奈的现实,但心中的理想不能实现,应该多少还是失落的。但是孔子坚持认为,人要对社会有责任感，不能只自顾自地过悠闲日子，因为天下还没太平。他到处奔走，想要改变这种局面。这种积极进取、勇于承担社会责任的精神是他留给后人的宝贵财富，值得我们继续倡导并实践。

修书育人

孔子在文化上的一大贡献，是他整理了夏商周三代以来的礼制，修订了一批古代的典籍。他研究了礼制的变化，认为改变的是礼的具体形式，不变的是礼制的内在精神，这是用发展的眼光看待礼仪制度的变化，抓住了根本问题。他又从三千多篇古代诗歌里选了可以配合礼义教化的篇章，编制了《诗经》这部诗集，至今仍被中国人传诵不止。老年的孔子爱读《易》，因为经常翻看，把编联书简的皮绳都磨断了很多次。孔子爱好音乐，欣赏能力很高，他到齐国去，听到了舜帝时候的《韶》乐，非常陶醉，甚至很长时间里念念不忘，连吃饭吃到了肉（肉在当时非常珍贵）都察觉不出味道。听人唱歌唱得好，就请人再唱，然后自己跟着唱起来……

孔子开办私人学校，用《诗》《书》《礼》《乐》做教材来教导学生，学生有三千多人，其中精通六艺的有七十二人。他教育学生，要勤读经典文献，生活上要身体力行，为人处事要忠诚尽

南京朝天宫的孔子像

心,待人接物要信实不欺。孔子是我国历史上一位真正的师长,也是伟大的教育家,所以在此后几千年的历史上,一直受人们尊敬,被称为"圣人"。他非常讲究礼仪,根据不同的场合作出不同回应,行为举止适当,很少谈论那些与怪异、暴力、混乱、鬼神相关的事情,可以说具有唯物思想,所关注的始终是与具体的人有关的现实生活,圣人也是常人。

孔子晚年修订了《春秋》这部书,讲述了鲁国十二位国君在位期间的历史。除了记载历史事件,他还在书里表达了自己对于历史事件和人物的褒贬,该直接写的就直接写,该删去的就果断删去,对那些违背了礼法的行为不讳进行揭露。他开启的这个书写历史的传统,一直被此后的历史学家们追慕和效仿。

七十三岁那年,孔子在家里安然去世,他被埋葬在鲁城(今山东曲阜)北面的泗水岸边。鲁国人每年都按时去祭拜他,并在他的坟墓前举行各种重要仪式。他生前居住的房子后来被改建成庙,收藏了他的衣服和书。他的事迹和讲话被学生们记录、整理、汇编成了《论语》这部书,保存了很多生动的故事和深刻又实际的人生道理,人们读这部书,都能获得有益的启发。在之后的两千多年里,他的家族一直传承下来,和他有关的遗迹也受到人们的尊崇,最终发展成了现在曲阜的孔府、孔庙和孔林。在世界范围内,这都是独一无二的现象。孔子所坚持的理念和文化,比如积极进取、勇于承担社会责任,面对困境时不消极悲观,勤学好问,不断提高个人修养,等等,就像他自己所说礼制的变化一样,历经漫长的时间,形式在变,精神内核不变,始终是中华文化不息的根脉,至今让我们受用无穷。

尊王攘夷：齐桓公的功业

公元前643年9月12日，正是初秋时节，空气里依然流动着燥热的气息。在临淄城（今山东淄博市临淄区）的王宫里，七十三岁的齐桓公静悄悄地去世了。在这之前，他已经身患重病，卧床不起。眼看着老父亲不行了，五个儿子却为了获得国君的位子争斗不休，几方势力大打出手，王宫里乱成一团。三个奸臣易牙、开方、竖刁和后宫联手把齐桓公关在宫里，在外面筑起高墙，不许任何人探视。曾经的一代霸主饥病交加，就这样凄惨地死在了病床上。两个多月以后，他的儿子姜无亏侥幸当上了国君，动乱暂时平息，才收殓了老父亲的尸体。这时候尸体已经严重腐烂，虫子都从窗户里爬出来了。

公子小白回国

齐桓公是春秋时期的第一个霸主，他的名字叫姜小白，远祖是大名鼎鼎的姜太公。从太公被周天子分封到齐国起，传到小白已经是第十二代。父亲齐僖公去世以后，小白的大哥做了国君（襄公），这时候齐国内部形势混乱，他就在鲍叔牙的保护下逃到了莒（jǔ）国（今山东莒县），而哥哥公子纠则在管仲的陪同下逃到了鲁国（今山东曲阜）。后来，僖公的侄子公孙无知杀死了齐襄公，自己

尊王攘夷：齐桓公的功业

做了国君，没多久又死于非命，齐国一时间没了国君。公子小白和公子纠得到了消息，都急着回去接班，鲁国派兵护送公子纠，还让管仲带兵堵住从莒国到齐国的路，想要截杀小白。战斗中，管仲一箭射中了小白的带钩，小白倒在地上装死，骗过了管仲。公子纠放下心来，就放慢了行程，走了六天才回到齐国。然而小白却已经抢先回到齐国，成了第十五代齐君。这一年，他刚好三十岁。

宋代凤首龙尾玉带钩　据记载，公子小白与公子纠回齐国争夺国君之位，当时辅佐公子纠的管仲一箭射向公子小白，以为得手，于是放慢行程。结果射中的是公子小白的带钩，公子小白日夜兼程赶回国都，最终成为国君。文物现藏于杭州博物馆。

掌握了大权的小白立刻派兵报复鲁国。鲁国人害怕了，就杀死了公子纠，把管仲关了起来。小白执意要杀管仲报一箭之仇，鲍叔牙却劝他说，管仲这样优秀的人才，重用他可以治国安邦，成就霸业。于是，在鲍叔牙的大力推荐下，齐桓公不计前嫌，把管仲接到齐国，任命他为国相，在他的辅佐下，通过一系列改革措施发展经济和军事，齐国国富兵强，为齐桓公实现霸业立下了大功。

成就霸业

当时，诸侯国之间如果有纷争和矛盾，应该由周天子出面进行调和。但是，随着天下形势的变化，周王室的权威逐渐丧失，一些大国的影响力却迅速提升。做了国君后的第五年，当宋国国内因为争夺君位发生变乱的时候，齐桓公组织了齐、宋、陈、蔡、邾五个诸侯国会盟来解决争端，事后还灭掉了没来参会的遂国，实际上行使了周天子的权力。次年，宋国背叛了盟约，齐桓公决定出兵教训宋国。在这之前，他派人带着厚礼去朝觐周天子，告了宋国一状，说他们随意废立国君，请求周天子派兵讨伐。长期被忽视的周天子看到他主动来请命，当下就派兵同齐国一起攻打宋国。宋国赶紧服软认输，与齐国和好如初。齐桓公此后经常借着周天子的名号组织诸侯会盟，小国的诸侯们敬畏周天子的权威和齐国的强大实力，就推举他做盟主，齐桓公的威望和影响力也越来越大。

齐桓公五十三岁的时候，燕国（都城在今北京）派人到齐国求救，他们被附近的山戎部落攻打，实在抵挡不住。虽然两国都城相隔了一千里，齐桓公还是率领大军去救援燕国。战争结束后，燕国国君非常感激，亲自送齐军回国，一直送到了齐国境内。齐桓公说：诸侯给他人送行，按照规矩，只有对周天子才送到国境以外，我不能不遵守礼节。他就把燕君走过的齐国土地都划给了燕国，还劝导燕君好好治理国家，对周天子尽职尽责。这件事做得非常大气，各国诸侯都很敬佩他的长者风范，对齐国也更加信服。

齐桓公也没有辜负诸侯的期望，发挥了维护天下秩序的积极作用。他帮助遭受北狄（北方少数民族）侵扰的几个小国重建了国都；当楚国和蔡国一起攻打郑国时，召集各国攻打楚国，派管仲和楚国使者谈判，迫使楚国服软，同意继续向周天子朝贡，齐、楚在召陵举行盟会；在周王室因为更换太子发生纷争时，也是齐桓公召集会盟，确保王太子姬郑（也就是后来的周襄王）登上周天子的宝座。

尊王攘夷：齐桓公的功业

六十五岁时，齐桓公和各诸侯国在葵丘会盟，总结并约定了五条规则。第一要遵守宗法制度，不能改变已经确立的继承人；第二要尊重并且褒奖贤能的人才；第三要尊老爱幼，各国互相保障旅行宾客的安全；第四要选择有才能的人做官，不随便处死士大夫；第五要保持开放，各国不能故意用堤坝拦水，影响其他国家灌溉，要允许其他国家来买粮食。这些规则的实施调和了各国之间的关系，重新稳定了天下的秩序。为了感谢齐桓公对自己登基的支持，周襄王专门派使者按照最高等级赏赐给他祭祀的肉、红色弓箭和天子的车马仪仗，承认了他的霸主地位。通过尊奉周王天下共主的地位、借着他的权威号令诸侯、组织抵御北方游牧民族的侵扰，齐桓公的功业达到了顶峰。

晚景凄凉

然而，高峰之后必然会有

山东淄博商王村齐国墓出土的玉组佩
文物现藏于淄博市博物馆

低谷。古人的寿命普遍不长,即使是贵族也难以长寿,桓公的寿命却很长。到齐桓公年老的时候,他所依靠的负责内政、外交、法令、军队、后勤的优秀人才纷纷去世,也没有及时培养可靠的接班人,齐国逐渐军力衰弱、政治混乱,诸侯国失去了对他的信任,桓公的霸主地位岌岌可危。管仲去世前,齐桓公问他:谁可以接替你做国相呢?管仲让桓公自己提名几个人。他夸奖了三个人,其中易牙杀掉自己的孩子做菜给他吃;开方为表忠心,背弃了自己的亲人;竖刁则是阉割自己做了宦官。管仲认为,他们虽然都表现得忠心耿耿,所做的事却违背了人的天性,一个都靠不住。可是年老的齐桓公早就没了当初的判断力,他依然宠信并重用这三个人,让他们掌握了齐国的大权。当他年老卧病的时候,这几个人发动了叛乱,使他在七十三岁的高龄凄惨死去。

今天,在山东淄博齐都镇西关村的北边有一座高高的土台,人们叫它"桓公台",上面有祭祀齐桓公和管仲的庙宇。这里原来是齐国都城宫殿里的一座高台建筑,也是齐国都城的制高点。"荒台故址吊桓公",曾经是著名的"临淄八大景"之一。人们登上高台,凭吊第一位春秋霸主齐桓公,感受那段波澜壮阔的历史。三十岁的小白在政治斗争中获胜,足足做了四十三年的大国国君。在位期间,通过聚拢并任用一批优秀的人才,他扶危定乱,扩大了齐国的势力和影响,后人把他的功业总结为"九合诸侯,一匡天下"。当他主持各种会盟、协调各国事务的时候,是多么意气风发,然而结局却那样凄惨悲凉。《诗经》里说,"靡不有初,鲜克有终",世上的事情都有开头,却很少能好好地终了。做人做事,都应该始终保持谦虚谨慎,不要在最后的时刻犯下错误,白费了之前的努力。

大器晚成：晋文公的崛起

一个人六十二岁了还能做什么事呢？按照今天我国相关规定，男性年满六十周岁就可以退休了。这意味着他要离开工作岗位，开始相对闲散的生活，不出意外的话，直到去世之前也不会有什么大事发生了。然而，在春秋时期，有一个人以六十二岁高龄登上国君的宝座，仅用了五年时间就赢得了天下霸主的地位，并开创了延续百年的霸业。他就是晋国第二十二任国君——晋文公。

六旬即位

晋文公姓姬，名字叫重耳。他年轻的时候就谦虚好学，喜欢和有才能的人交往，身边聚集了一群德才兼备的朋友。公元前677年，父亲献公当上国君的时候，重耳已经二十一岁了。献公宠爱的妃子骊姬想让自己的儿子奚齐接班做国君，就鼓动他把年长的孩子太子申生、公子重耳和夷吾派到外地去。于是申生到了曲沃，重耳到了蒲地，夷吾则住在屈地，后来他们又回到了国都绛（今山西绛县）。之后，骊姬陷害太子申生，迫使他自杀而死。重耳和夷吾看势头不好，逃回了蒲地和屈地。献公认为他们心怀不轨，派人去蒲地讨伐重耳。重耳不愿抵抗自己的父亲，只好翻墙逃走，和狐偃、赵衰等臣子一起跑到了翟（dí）国。这一年，他四十三岁。

公元前651年，晋献公去世，骊姬的儿子奚齐接了班。大夫里克聚众作乱，杀死奚齐和接替奚齐的卓子，派人到翟国迎接重耳，要拥立他做国君，重耳拒绝，于是夷吾做了国君（晋惠公）。夷吾担心重耳影响自己的地位，就派人追杀他。重耳和臣子们又离开住了十二年的翟国，逃到齐国，在齐桓公的庇护下过了几年安生日子。后来齐国发生变乱，他们又辗转经过曹国、宋国、郑国来到楚

山西曲沃晋侯墓地出土的鸟尊
文物现藏于山西博物院

国，受到楚成王的高规格接待。

公元前637年，重耳一行接受秦穆公的邀请到了秦国，秦穆公把几个贵族女子嫁给重耳，重耳也想要借助秦国的力量回国，于是和秦国结成了姻亲。这时候他已经六十一岁了。

这年九月，晋惠公去世，晋怀公继位。晋国的大夫们派人到秦国联系重耳，劝他带人回国夺位，表示愿意做内应。秦穆公见时机成熟，就派军队护送重耳回晋国。晋怀公派军队阻击，但民众都不愿意抵抗，军队临阵倒戈投向了重耳。第二年年初，六十二岁的重耳到了晋国之前的都城曲沃，并在这里正式即位，大名鼎鼎的晋文公就此登上了历史的舞台。晋国大臣们纷纷跑到曲沃来朝见重耳，晋怀公看到大势已去，逃离了国都，很快被重耳派人杀死。

谋求霸业

就在晋文公刚刚登基的这年，周王室发生了一场变乱。周襄王和弟弟王子带发生了争斗，王子带联合了狄人攻打周天子，周军大败。周襄王仓皇逃到郑国，向各诸侯国发布告急文书，呼吁他们前来勤王。秦穆公得到消息，立刻准备出兵援救。晋文公的大臣赵衰意识到这是晋文公争霸天下的好机会，劝他立即发兵，抢在秦国的前头护送周天子回都城，借机发号施令，积累称霸的资本，这是当初齐桓公早就实践过的争霸道路。晋文公从善如流，火速派兵进入郑国，护送周襄王回到周都洛邑，随后又剿灭了王子带的势力。从此以后，晋文公借着周天子的名义，渐渐开始挺近中原、谋求霸业。

晋文公四年（前633），楚成王带兵围攻宋国，宋国向晋文公求救。晋文公听从先轸（zhěn）的建议，率军攻打楚国的同盟国曹国和卫国,希望迫使楚军北上回援,从而解救宋国的危机。然而,楚王看破了晋军的战略意图,继续猛攻宋国,宋国抵挡不住,又一次向晋文公求救。晋文公十分为难,他在逃亡的时候曾经受过宋国和楚国的恩惠,如果坚持救援宋国,就得和楚国正面开打,但是不救援宋国,宋国就会被楚国占领,这对晋国十分不利。先轸又建议把晋军占领的曹、卫两国的土地分给宋国,以迫使楚国放弃攻打宋国。晋文公照此办理,楚成王果然准备撤军。

楚国大将子玉却反对撤军,坚持要求和晋国开战。楚成王头脑十分清醒,他认为晋文公能够正确治理国家、安抚百姓,顺应了天意和人心,现在势头不可阻挡。尽管如此,楚国也不愿意失去曹国和卫国,而晋文公让宋国用土地贿赂齐国和秦国,诱使两国和晋

宋李唐绘《晋文公复国图》(局部)　原件现藏于美国大都会艺术博物馆

大器晚成:晋文公的崛起

国结盟。双方都有自己不愿放弃的利益,气氛瞬间紧张起来,大战一触即发。

晋文公五年(前632),楚国派使者和晋国谈判,提出只要晋国让曹、卫复国,楚国马上从宋国撤军。这一招十分高明,如果晋国答应,曹、卫、宋三国都会感激楚国,楚国掌握主动权;如果晋国不答应,曹、卫、宋三国只会怨恨晋国。还是先轸看破了楚国的计谋,让晋文公私下答应让曹国、卫国复国,离间他们和楚国的关系,再扣留楚国使者,激怒楚国开战。楚军果然落入了圈套,紧急北上进攻。晋文公声称为了报答楚成王当初的恩情,主动撤军后退九十里,实际上是诱敌深入,以便在自己预定的战场决战。最后双方各自率领盟军在城濮(今山东鄄城)相遇,约定第二天一大早开战。

战斗打响时,晋军下军用虎皮蒙在战马上进攻楚国的盟军陈、蔡联军,吓得陈、蔡两国士兵四处逃窜,从而击溃了楚国右军。晋军上军又扯起大旗、用战车拖着树枝带起尘土,造成大军逃跑的假象,骗得楚军穷追不舍,被埋伏的晋军中军从中间攻击,晋军上军又掉头从两边夹击,把楚国的左军杀得大败。这一战,楚军彻底失败,大将子玉带着残兵败将逃回国内,自杀而死,成了成就晋文公霸业的垫脚石。

第二年,晋文公把楚国俘虏献给周襄王,周襄王任命他为诸侯的首领,晋文公就这样成就了霸业。他以周天子的名义召集诸侯,和齐、鲁、宋、蔡、郑、卫、莒等国在践土(今河南原阳)会盟,霸主地位愈发巩固。三年后,晋文公去世。尽管他只做了九年国君,但晋国的地位因他而稳固,在之后的一百多年里,始终是个不容忽视的强国。

我们回顾这段历史,看到的是晋文公跌宕传奇的人生,似乎真的有所谓天命在指引他成就伟业。这固然不算错,但多少有些"事后诸葛亮"的意味。当公子重耳仓皇逃离故国、在诸国之间颠沛流离的时候,他一定也惶恐过、茫然过甚至想要放弃过。他曾在齐国娶妻,沉溺在安逸的生活里,忘记了心中的志向,在妻子和臣子的敦促下才重拾信念。"古之立大事者,不惟有超世之才,亦必有坚忍不拔之志",所谓坚忍不拔的志向,并不是自始至终从不动摇,而是在面对困境茫然惶惑的时候,仍然能不忘初心,为了理想信念继续前进、奋斗。依靠自身的坚持和同伴的支持,克服艰难险阻,不达目的不罢休,这大概才是年过花甲方成大业的晋文公留给我们最宝贵的启示。

问鼎中原：楚庄王的野心

在春秋时期的强国中，楚国一直是个比较特别的存在。起初它只是长江中游和汉水流域的蛮夷小国，主要在今天的湖北省范围内，不被中原地区的华夏诸国认可。西周初年，楚国首领才被周成王封为子爵，进入华夏诸侯的序列。到了春秋时期，楚国已经十分强大，在各国之中领土最广，国君甚至称王，在名头上和周天子对等，成了南方各国中的一面旗帜。历代楚王又都很有才干，所以楚国的强盛局面维持了很久，直到战国末年被秦国灭国前，一直是相当强大的国家。在历代楚王中，楚庄王的经历最为传奇，他在位二十三年，也是春秋时期最后一位霸主。

一鸣惊人

楚庄王名叫熊侣，是楚穆王的嫡长子。公元前613年，他即位成为楚王的时候，还不到二十岁。当时楚国内部矛盾重重，楚庄王刚刚即位就赶上了一场贵族叛乱，叛军挟持庄王外逃，准备另立政府，好在叛乱最终被平息，他才回到了郢都（今湖北荆州纪南城）。面对复杂的国内外形势，楚庄王没有立即开始整顿，而是作出一副漫不经心、沉迷于吃喝玩乐的样子，国家大事一概不管。通过这样的举措,他得以在乱局中保全自身,并且摸清了楚国的政治局势和各派人物的情况。

对外他韬光养晦,在附庸国蔡国被晋国围攻的时候,视而不见、听而不闻,并不发兵救援。他在位的第三年发生了大饥荒,周围的蛮夷小国向楚国发起进攻,各地纷纷向郢都告急,楚国陷入了

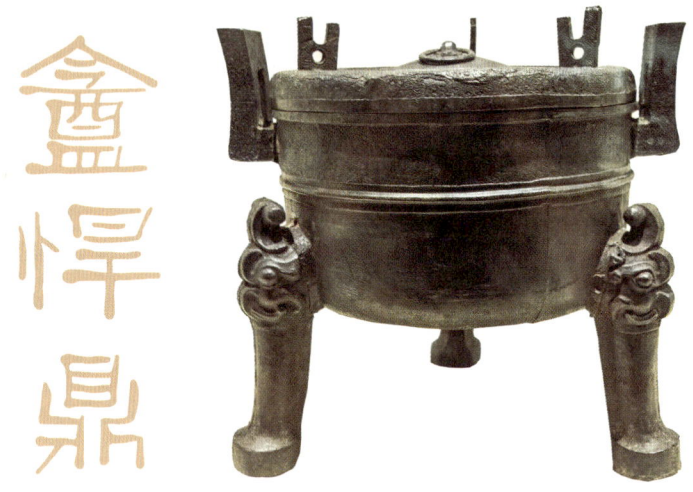

楚王盦(ān)悍鼎　文物现藏于天津博物馆

严重的危机。年少的楚庄王仍然躲在深宫之中,像平常一样吃喝玩乐,对眼前的困局毫不在意。大臣苏从忍无可忍,跑到皇宫来见他,提醒他再这样下去就要做亡国之君了。楚庄王经受这番提醒,决心奋起做一番事业。他遣散了乐队和舞女,投入到国家治理上,任用了一批优秀的大臣,亲自率兵消灭了进犯的庸国,稳定了国内政局。又让孙叔敖做令尹,主持政务,积极发展社会生产,国家经济力量得到充实,奠定了争霸天下的基础。

问鼎中原：楚庄王的野心

北上征伐

此前，楚国和晋国长期争斗，互有胜败，却也不能压倒对方。晋国在中原各国中实力最强，不论是西边的秦国还是东边的齐国，都不是它的对手。然而，这时在位的晋灵公却不是一位英明的君主，他残害臣民、贪利忘义，败坏了晋国长期积累的威信，弄得国内人心涣散。楚庄王看准了时机，派兵北上，这相当于从今天的湖北向河南、山西扩张势力。

随着楚国实力的不断提升，夹在晋楚之间左右摇摆的小国不得不作出选择。楚庄王六年（前608），郑国因为晋国言而无信，背离晋国，转而与楚国结盟。陈国则因为陈君去世楚庄王不派人吊唁，一怒之下和晋国结盟。楚庄王借机出兵攻打陈国、宋国，而晋国则派兵围攻郑国。郑国又按照楚国的指示，派兵攻打宋国，宋军大败。之后，秦国也加入混战，围攻晋国。各方你来我往、混战不休，大国争斗搅动了各个小国，它们自身实力有限，在乱世中只能随波逐流，往往身不由己。

楚庄王八年（前606），庄王亲自率领大军攻打北方的陆浑戎，他们是居住在洛阳附近的一支戎族力量。大军行进到洛河岸边，逼近了周天子的都城，名义上是驱逐戎狄、尊奉周王室，实际却是对包括周天子在内的中原各国示威。周天子看到楚军军容壮盛，不由得心里发慌，派大夫王孙满去慰劳楚庄王。楚庄王却故意轻慢，向王孙满打听九鼎的大小、轻重。传说大禹铸造了九鼎，象征天下九州，一直被夏商周三代的天子当成传国重宝代代相袭。楚庄王仗着国力强大，对周天子大兵压境，暴露了他称霸天下的野心，成语"问鼎中原"就是从这里来的。当然，尽管他雄心勃勃，但这时晋、秦、齐、吴等大国依然强大,楚国还远远不能横扫天下,展示了一番武力之后就撤兵了。

中原称霸

九年后,楚庄王率领全国精锐部队倾巢而出北上攻打郑国。楚军拉开阵势,把郑国围困起来,经过三个月的激战,郑国兵败投降,郑襄公脱去上身衣服来向楚军求和,并且送人质到楚国,郑、楚两国结盟。晋国的军队本来已经出发救援郑国,听到这个消息后,军队将领们对下一步行动却意见不一。主帅荀林父认为,楚国实力强大,不能与之争锋,建议立即退兵;副帅先縠(hú)却认为,晋国称霸靠的就是武力和人心,不救郑国就会失去诸侯的信任,面对敌人不敢战斗就是怯懦,一旦这样,晋国的霸业就会崩溃,如果在自己手里丧失霸业,还不如在战斗中死去。

坚持开战的先縠不顾主帅的反对,私自率部渡过黄河追击楚军,其余晋军也只好一起渡河,以防他孤军深入吃大亏。晋军虽然过了河,但将领们的想法没有统一,求战愿望不强烈,正在撤军的楚庄王听说晋军已经到了黄河南岸,改变了主意,决定和晋军大战一场。他一边派人与晋军和

河南浙川县下寺楚墓出土的王子午鼎
文物现藏于中国国家博物馆

谈,还定下了结盟的时间,把戏做足;另一边又让军队主动挑衅晋军,试探对方的态度。议和时,双方还是爆发了冲突,最终两军展开了激烈的战斗,气势高昂的楚军击败了犹豫不决的晋军,乘胜进驻了邲地(今河南郑州西北),晋军仓皇撤离,连夜渡过黄河撤回了晋国。这场战役被称为"邲之战",楚庄王借这场胜利把势力扩张到中原地区,迫使郑国、许国成为楚的属国,又用武力逼迫宋国和自己结盟。高压之下,中原的小诸侯国们纷纷背离晋国,倒向楚国,楚庄王就这样成了新的中原霸主。

楚庄王在邲之战后,又转战千里围攻宋国长达九个月,显示了超强的实力,震慑诸侯;他还联合齐国制衡晋国,使得晋国疲于奔命,无法向南扩张,为楚的霸业加了一道保险。然而天下大势纷纭变化,在历史的车轮真正转向之前,谁也不知道到底哪个国家笑到最后。楚国虽然强大,却也不具备压倒其他各国的实力,只能在不断斗争中维持着暂时的平衡。

公元前591年,在位二十三年的楚庄王突发疾病,不久去世。即位的楚共王只有十来岁,贵族之间不同的派系斗争不休,严重地内耗损伤了国力。仅仅过了几十年,楚国国力就被晋国反超,无奈退出了争霸的行列。

楚庄王少年即位,面对艰难的局面能够低调隐忍,心智自然是超出常人的。仅仅三年后,他就振兴了楚国,很快成就了霸业。成语说"不飞则已,一飞冲天;不鸣则已,一鸣惊人",有才华的人平日里虽然默默无闻,但一旦释放出潜力,便可以成就惊人的功业。这一切,都有赖于平时用心积累、不断提升自己的水平和能力,才能在时机到来的时候趁势而上,实现自己的目标。

山西侯马出土的春秋晋国青铜方壶（局部）文物现藏于中国国家博物馆

只今惟有鹧鸪飞:吴越争霸

今天的长江三角洲地区交通便利,经济发达,人口众多,是中国最为富裕的区域之一。两千多年前的春秋时期,这里曾是吴、越两个大国的领土。吴国大致在今天的江苏省境内,越国大致在今天的浙江省境内。在春秋末年的争霸大戏里,他们上演了一出出精彩的剧目,有激烈的战场交锋,也有阴诡的奇谋密计,给后人留下了许多传奇。

吴国的祖先泰伯据说是从陕西迁来的周王室后裔,出身中原正统,身份高贵。不过这很可能是春秋争霸期间,吴国为了自抬身价编造的故事,他们很大概率还是江南的土著,至少也是土著化了的外来户。越国的祖先更不得了,可以追溯到上古圣王大禹,实际上也是古代先民长期发展起来的土著国家。比起中原各国,他们的社会发展水平和文明程度差了不少,但是战斗力都很强。要实现称霸中原的长远目标,吴国就要压倒越国,才能没有后顾之忧,越国想要北上中原,也必须先收服吴国。双方因为根本的利益冲突,你来我往斗得不可开交。

吴王夫差矛
文物现藏于湖北省博物馆

夫椒之战

公元前496年,越王允常去世,他的儿子勾践接了班,王位还没坐稳,吴王阖闾就杀气腾腾地跑来攻打,双方在今天的浙江嘉兴一带相遇。勾践把一群死刑犯人赶到阵地前,强迫他们阵前自杀。吴军看得目瞪口呆,搞不清状况,越军趁机发动了猛攻,吴军大败溃逃。吴王阖闾也被越人打伤,很快伤重死去。这位曾经叱咤风云、一度攻破了楚国国都的强人就这样黯然谢幕,临死前,他告诫儿子夫差一定要打败越国,给自己报仇雪恨。

两年后,越国又派出水军攻打吴国,双方在太湖中间的洞庭山附近大战。吴越两国地处江南,交通依赖船只,所以都擅长水战。这时的水军叫"舟师",已经发展为成熟的兵种,形成了由指挥船、重型战船和轻快战船组成的完整体系。战船上组织严密,配备了人数固定的不同兵种。战斗时,先从船上用弩箭射击,再贴近对方船只近距离战斗,最后登船近身搏斗。大型船只的船头上安装了冲角,必要时可以用来冲撞敌船。发生在太湖的这场水战,越军失利,主力部队被吴军歼灭。吴军向南一路追击败军,打下了越国都城会稽(今浙江绍兴)。

越王勾践带着仅剩的五千多人被吴军围困在会稽山上,尽管百般不情愿,也只能卑躬屈膝向夫差投降。吴国大臣伍子胥对夫差说,吴、越两国是你死我活的关系,现在不彻底灭掉越国,怕是将来要后悔。夫差这时急于北上中原争霸,虽然攻破了越国都城,但是要彻底吃掉越国并不容易,他不想在这里耽搁。于是夫差接受了勾践的投降,把他带回吴国做人质,撤回了大军。在吴国,勾践把国君的尊严放在一边,像奴仆一样勤勤恳恳地给夫差养马,毕恭毕敬干了三年。夫差觉得勾践已经真心归顺,加上勾践又收买吴国大臣给自己说好话,就放他回国,却不知这是放虎归山。

卧薪尝胆

勾践回到故土,一心想复仇雪耻,他在屋子里挂了一只苦胆,吃饭之前尝一口,提醒自己不要忘记曾经的屈辱。在贤臣文种和范蠡的辅佐下,越国制订了十年发展计划,有步骤地积累实力。勾践以身作则,他不讲究吃穿,和老百姓一样做农活,夫人则带头养蚕织布,全国上下一心发展生产,增强国力。他又加强军队训练,强化战场纪律,士兵们都能熟练运用弓弩并且掌握近身格斗术,单兵能力强,也能服从指挥。对待吴国,勾践始终保持恭敬,使夫差放松了警惕,一门心思北上争霸。勾践又主动帮助夫差建造宫殿、搜罗美女,助长他的享乐行为,暗暗消耗吴国国力。他还在吴国国内大搞行贿和间谍活动,破坏他们的内部团结。

十年时间,越国得到了长足发展,国家富强,百姓团结一心,还培养了一支训练有素、装备精良、战斗意志坚定的精锐部队。而同时的吴国正在中原激战,和鲁国、齐国多次交手,连战连捷,势头不可阻挡,打通了进军中原的交通线。公元前482年,夫差带领大军来到黄池(今河南封丘),在这里和晋国等中原诸侯会盟,称霸中原的梦想似乎已经触手可及。然而,在千里之外的吴越之地,撕下伪装的勾践趁着吴国大军在外,率兵杀进了吴国都城,夫差的太子死于非命。得到消息的夫差心神不定,虽然想回国迎战,又不舍得放弃会盟,在忐忑不安中完成了仪式。通过黄池会盟,夫差成为名义上的霸主,国家却陷入了生死危机。

盟会一结束,夫差就率领部队匆忙回国,考虑到长途行军加上国都被攻破,战士们士气不高,打起来没有把握,就主动和勾践讲和。勾践也不愿意和吴军的主力部队硬碰硬,同意和谈撤兵。在双方微妙的默契下,两国间脆弱的和平又维持了四年。

越王勾践剑铭文
器物现藏于湖北省博物馆

笠泽之战

公元前478年,越国抱着彻底战胜吴国的信念,派出大军进攻吴国,双方部队在笠泽(今江苏吴江附近)隔江对峙。借着夜色的掩护,越军派出两支小部队假装渡河,引诱吴军分兵迎战,主力部队却悄悄地渡过笠泽江,直扑吴军大本营。措手不及的吴军被越军的猛烈进攻打懵了,纷纷溃散逃窜。分兵迎战的两支吴军赶来救援,又被越军渡江追击,同样大败。吴军向北撤退,收拢部队准备再战,越国范蠡指挥水军通过西边的太湖登陆,从背后发动攻击,连续两次击溃吴军,一直追到了吴国都城姑苏(今江苏苏州木渎古城)。夫差率领残余部队撤进城里,坚守不出,越军就在西门外建造城池,准备长期围困吴军,这一围就是整整三年。

三年后,丧失了战斗力的姑苏城被越军攻破,夫差和他的亲近臣子、贴身卫队一起逃到了城外的姑苏山上,被勾践的大军重重包围。多年前围困会稽山的一幕在此重演,只不过双方换了身份。夫差请求投降,吴国愿意做越国的附庸,只求不被灭国。但是勾践在范蠡的劝说下,决意灭掉吴国,永绝后患。吴王夫差自杀身亡,强大的吴国就此消失。越国灭吴后成了东南大国,沿着夫差走过的道路北上争霸,一度成为天下霸主,只不过那已经是另外的故事了。

历史是一部充满偶然的连续剧,却也常常重复相同的剧情。当勾践把夫差围困在姑苏山上时,他应该想起了多年前自己在会稽山上的惶恐岁月,心中除了报仇雪耻后的那份畅快,可能也充满了无限感慨。今天他能赢得胜利,靠的是隐忍和坚持,靠的是智慧和谋略,但如果没有当初夫差的一念仁慈,这一切都不会发生。

"越王勾践破吴归,义士还乡尽锦衣。宫女如花满春殿,只今惟有鹧鸪飞。"雄图霸业,有高峰就有低谷,有起点就有终结,喧嚣和繁华过后,青山依旧,鹧鸪纷飞。

大秦帝业的起点：商鞅变法

> 秦王扫六合，虎视何雄哉！
> 挥剑决浮云，诸侯尽西来。

这是唐代诗人李白描写秦始皇扫平六国的诗句，充满了浪漫主义色彩。战国初年，秦国的实力并不强，一度被魏国压制，势力始终不能突破函谷关（在今河南灵宝），但数百年后却是秦国统一了天下。回顾秦国的崛起过程，其中最关键的节点必然是秦孝公时期的商鞅变法。

商鞅入秦

战国时期，旧的政治秩序崩溃，诸侯之间的争斗逐渐激化，为了壮大国力，各国纷纷开始变法。魏国一马当先，经过李悝（kuī）变法，雄霸天下将近五十年。楚国紧随其后，由吴起主导变法，国家势力迅速扩张。秦国在春秋时期虽然辉煌过，秦穆公一度称霸，这时的处境却很艰难，在和魏国的战争中连吃败仗，又不被中原各国认可。秦孝公即位后，想要扭转这样的困境，于是发布求贤令，以期用高官厚禄吸引人才前来投靠。

大秦帝业的起点：商鞅变法

历史的进程有时候充满了偶然，秦孝公的求贤令传到魏国，一个名叫卫鞅的人动了心思。他本来是卫国的贵族，在魏国给人做侍从，年轻时就深入学习了刑名法术学说，向往李悝和吴起的变法成就，只是，虽然才能出众却没有用武之地。求贤令一出，他感到这是自己干出一番事业的好机会，就离开魏国，投奔了秦国。由秦孝公的宠臣景监牵线搭桥，卫鞅见到了孝公。

商鞅徙木立信　赵秦绘

为了试探孝公的心思，他先是大谈了一番帝道和王道，前者推崇尧、舜、禹禅让，已经不切实际；后者倡导君主和贵族共享权力，也不是想要掌握绝对权力的君主爱听的话。说着说着，秦孝公甚至打起了瞌睡。于是他转而谈论霸道，如何强化君权，如何富国强兵,如何称霸天下、重定秩序,等等。这些正合孝公的心意,两个人连着聊了几天,越说越合拍。于是,孝公决定起用他在秦国进行变法。这一年是公元前359年,三十六岁的卫鞅就此登上历史舞台,将要绽放出耀眼的光芒。后来,他被秦孝公封在商地(今陕西商洛),后人因此称他为商鞅。

商鞅变法

秦国的旧贵族担心变法损害自己的利益,坚决反对变法。商鞅针锋相对,和他们激烈辩论,主张根据实际情况制定法令和礼仪,为变法作好了舆论准备,但站在旧贵族的对立面也给他自己埋下了祸根。按照商鞅的谋划,秦孝公颁布了《垦草令》,实行重农抑商政策,大力倡导并发展农业生产,统一征收土地税,把全国的人力物力都集中到农业上。这道法令实施取得成效之后,秦孝公在前356年任命商鞅做了左庶长,成为统领非王族大臣的最高长官,开始推行第一次变法。

在颁布法令之前,为了取得百姓的支持,商鞅在都城的南门立起一根三丈高的木头,声称谁能把它扛到北门,就赏十斤金子。这个任务并不难,百姓们议论纷纷,不相信有这样的好事,他就把赏钱提高到五十斤金子。这下果然有人出头,一口气把木头扛到了北门,商鞅立刻赏给他五十斤黄金。这件事传出去,秦国百姓都知道左庶长颁布的法令说一不二。新法得以顺利推行。新法规定,爵位只能靠军功获得,贵族也不例外;生产粮食和布匹多的人可以免除劳役;做生意的和偷奸耍滑不认真工作的,全家都罚做奴婢。这些法令尽管严酷,效果却很好,秦国的粮食产量增加,军队战斗力也得到很大提高,国家强大起来。之后,秦国在战争中打败了韩国,

大秦帝业的起点：商鞅变法

和南方大国楚国结亲，又和魏国会盟，重新回到了战国的舞台中心。

公元前 350 年，秦孝公把都城从栎（yuè）阳（今陕西西安阎良区）迁到了咸阳（今陕西咸阳），在这里实施第二次变法，废除西周以来的井田制，允许土地私有和买卖，激发了农业生产的活力；推行县制，加收人头税，统一度量衡，强化法令，打击贵族势力，加强中央政府的权威和力量。这一系列强硬的措施进一步提高了秦国的国力，安定了国内局势。百姓因怕被处罚不敢私下争斗，为了获得军功在战场上却奋勇争先。周王派人赐给秦孝公霸主的称号，各国纷纷派使者祝贺。

收复河西

商鞅变法之前，秦国和魏国一直在争夺河西的土地（今陕西、山西之间，黄河南段以西），双方打了很多仗，秦国始终不能如愿。变法以后，秦国军力强大、财力雄厚，已经具备了收复河西的实力，

秦大骉（guī）两诏九斤铜权　文物现藏于南京博物院

主动向魏国发起进攻,在各国纷乱争斗的局面中寻找机会,一度占领了魏国的旧都安邑(今山西夏县),迫使魏国讲和。当魏惠王准备组织联军进攻秦国时,秦孝公又派商鞅去劝说,蛊惑魏惠王联合燕国攻打齐国、联合秦国攻打楚国,并迫使赵国、韩国屈服,魏国把周围的国家都得罪了;之后,又建议魏惠王先称王、再争霸,魏国这种狂妄的行为又引发了齐、楚等国的不满,落入了四面受敌的困境。

公元前341年,魏国在马陵之战中被齐国打败,损失惨重。商鞅建议秦孝公抓住机会,在魏国实力恢复之前,派大军出击。孝公于是命商鞅带兵进攻魏国河东,魏国派公子卬(áng)迎战。战斗打响前,商鞅派人联系公子卬,提起当初在魏国时的交情,约他会面,声称两国可以订立盟约,恢复和平。公子卬信以为真,来和商鞅见面,却被商鞅提前埋伏的士兵抓住,当了俘虏。主帅被抓,魏

阿房宫遗址出土的秦高奴禾石铜权　文物现藏于陕西历史博物馆

军没了主心骨,秦军趁机发动猛攻,魏军惨败。魏惠王只好把河西的一部分土地割让给秦国来求和。商鞅因为立下战功获封了商地的十五个城邑,号称"商君"。此后,秦国在和魏国的战斗中一直处于优势,这都离不开商鞅的精心谋划。

身死法存

公元前338年,秦孝公因病去世,秦惠文王即位。因为变法吃了大亏的秦国贵族们趁此机会诬陷商鞅谋反,他仓皇出逃,在边关的客舍因为没有身份凭证不能住宿,这道法令还是他自己颁布的。商鞅想要到魏国避难,魏国记恨他欺骗公子卬的卑鄙行为,不让他入境。走投无路的商鞅只能回到自己的封地,组织兵力试图自保,却被秦王派兵击败并杀死,尸体被带到咸阳,处以车裂的刑罚,最终死无全尸。

商鞅虽然凄惨地死去,但他主导的变法措施一直延续下来,影响着之后的秦国以至于秦朝。他的改革措施迅猛暴烈,法令严酷又鼓励战争,有军国主义倾向。有人认为他刻薄残忍、不讲信义,这当然没错,从他的种种行为看,其品格和节操确实有缺陷。但是评判一个历史人物,除了从个人行为出发,也要整体考虑长远影响。商鞅能坚守法令、赏罚分明,确保变法措施得到有力执行,这是他作为一名政治家的长处所在。他的变法促成了秦国的大发展,所以秦人才能在一百多年后扫平六国,一统天下。秦始皇很伟大,他的赫赫武功背后却是商鞅的影子。商鞅不仅改变了秦国的历史,也深刻影响了中国的历史,他的功劳是不可磨灭的。

历史的拐点：长平之战

历史潮流浩浩荡荡，像奔流的大河滚滚向前，这条河总会有几个关键的拐弯处，它们可能是人事的变化、政局的调整，但更多还是激烈的战争。战国末年，在今天的山西高平，秦、赵两国间就发生了这样一场大规模的战争。因为当时这里属于赵国的长平，所以被称作"长平之战"。赵军最终大败，四十多万军队被秦军消灭，秦国赢得了这场关键性胜利，从此以后统一天下就只是时间问题了。

廉颇坚守长平

经过春秋以来延续数百年的兼并战争，到了战国末期，小国逐渐被大国吞并，大国之间也为了实现一统天下的目标争斗不休。秦国采用"远交近攻"的策略，积极攻打邻近的韩、赵、魏三国，对远方的齐、楚等国则通过外交维持关系，不但破坏了东方各国的"合纵"联盟，还稳扎稳打巩固了已攻占的土地，国力因此不断增强。在六国之中，赵国经过早期"胡服骑射"的军事改革，长期发展兴旺，军力十分强大，是秦国统一天下的重要对手，双方的战争不可避免。

公元前262年，正是秦昭王在位期间，秦国攻打韩国，切断了

历史的拐点：长平之战

韩国的上党郡和本土的联系。吓破了胆的韩桓惠王准备直接献出上党的土地，求得秦国退兵。可是上党的官员和百姓不愿意投降秦国，决定把城池献给赵国，依靠赵国的力量和秦国继续斗争。赵国的国君赵孝成王经受不住这天上掉馅饼的诱惑，派人接收了上党的土地，还让老将军廉颇带兵驻守在长平，防备秦军的报复。

眼看着就要到手的土地被赵国拿去，秦人当然咽不下这口气。第二年初，他们继续攻打韩国，进一步逼近赵国。公元前260年初，秦王又派左庶长王龁（hé）率领军队打下了上党。上党

战国铜剑和素面铜胄　文物现藏于河南博物院

的老百姓一窝蜂似的逃到赵国避难。农历四月，王龁指挥军队向驻扎在长平的赵国军队发动进攻，赵王命令廉颇迎战。双方多次交锋，赵军每次都吃了不小的亏，损伤了几员大将，阵地也被秦军攻占，于是坚守在现有阵地里，不再主动出战。秦军发动强攻，再次打入赵军阵地。老将廉颇发现苗头不好，就率领部队撤到河对岸，就地修筑壁垒，准备打持久战。赵王认为廉颇是因为怕了秦军才故意拖延，三番五次派人斥责他，廉颇却不为所动。

赵王换主将

赵军第一次被打败的时候,赵王一度想亲自带兵和秦军决一死战。他和大臣们商量对策,有人建议立即派人去秦国和谈;也有人认为,直接和谈成不了事,应该先派使者带上厚礼到楚国、魏国去搞好关系,联合他们给秦国施加压力,和谈才有可能成功。后者当然是比较可靠的办法,但赵王决定直接派使者去秦国和谈。大臣劝他说:"一旦我们的使者到了秦国,秦王肯定会大张旗鼓接待他,弄得天下人都知道要和谈。其他国家知道后会以为和谈已经成了,肯定不会再出兵救援。外援一旦断了,秦国也不会真心和谈,战争还要继续打下去,我们一定会失败。"

赵王坚持派人到秦国求和。不出所料,秦国果然热情地接待赵国使者,还对外宣传两国已经和解,既麻痹了赵国,又打消了各国出兵救赵的打算。通过玩弄手段,秦国争取了时间,做好了打大仗的准备。秦国丞相范雎(jū)又派人到赵国散布谣言,说秦国其实不怕廉颇,怕的是名将赵奢的儿子赵括。赵括年纪轻轻,谈论兵法却很有一套,他父亲身为名将都说不过他。赵王本来就对廉颇的表现很不满,听到谣言后决定换掉他。赵王急匆匆地找来赵括,问他能不能打退秦军。赵括自信满满地说:"要是秦国派了白起来,我还得担心打不打得赢。现在的王龁,也就是廉颇那个水平的人,打败他不在话下。"赵括的母亲知道他虽然兵书读得多,却缺乏足够的实战经验,上了战场搞不好要失败,极力反对。可是赵王坚持派赵括上战场,赵括母亲很无奈,只好把丑话说在前头:"赵括去是可以去,如果打了败仗,可不能株连家人。"赵王答应了她。

七月,赵括率领二十万大军来到长平,接替廉颇做了主将。他

历史的拐点：长平之战

雄心勃勃地更换了将领，调整了作战方针，对秦军发起了主动进攻。

长平战败

秦国得知赵括成为主将后，秘密地把白起调到前线，并且严密封锁消息，赵军始终不知道名将白起已经到了。根据白起的计策，大战打起来的时候，秦军假装战败往回逃，引诱赵军来追。被蒙在鼓里的赵括求胜心切，带兵一直追到了秦军的阵地前面，却始终攻不进去。这时候，秦军悄悄地派了一支两万五千人的部队截断了赵军的后路，又派一支五千人的骑兵插入赵军和他们的阵地之间，赵军的主力被分成了两支孤立的部队，粮道也被切断，局势十分危急。

白起派出精兵一次次向赵军发动进攻，赵括醒悟过来，知道中了计，就下令停止进攻，原地建造壁垒，并寻找

秦武安君白起像

机会突围。秦国当然不会善罢甘休，秦王亲自到河内郡（今河南沁阳及附近地区）征调当地十五岁以上的青壮年，把他们派到长平战场，进一步拦截赵国的援军和粮食补给。就这样，双方僵持到九月，赵军的主力已经四十六天没有饭吃，走投无路的士兵们甚至开始自相残杀，吃起了人肉。赵括集结了仅剩的有战斗力的士兵，凑成四支突围部队，但一次次冲锋都以失败告终。最后他亲自带领部队强行突围，在战斗中被乱箭射死。

没了主将的赵军无法组织起有效的阵型,加上长期断粮,完全丧失了战斗力,只能向秦军投降。白起认为,上党人本来该投降秦国,却又倒向赵国,这些人反复无常,只有把他们全部杀掉才能确保安全,加上当时连年战争,留下俘虏,口粮该如何保证?就命令秦军把投降的数十万赵军全部杀死活埋,只有二百多个年纪很小的士兵幸免于难,被放回赵国。这场大战中一共有四十五万赵军被秦军消灭,是中国古代军事史上最早、规模最大、最彻底的大型歼灭战。

元气大伤的赵国此后再也没有实力单独和秦国对抗。赵王悔青了肠子,"早知道是这样,当初就不该贪图韩国的土地惹来大祸",但再后悔也没用了。赵括指挥不力,葬送了赵国大军,赵王也信守诺言,没有处罚赵家。后人提到赵括的失败,总要归结于他只会讲兵书兵法,不懂战场实际,但事实真的是这样吗?对赵国来说,任命大将去指挥长平之战这样关系到国家命运的战争,怎么可能只根据几句谣言就做决断呢?在当时,赵括即使不是战争天才,也一定是个很有实力的将军,才会被选中去承担这样大的责任。客观地说,他的军事指挥能力也许并不是特别高明,但最终死在了冲锋的战斗里,作为军人的战斗意志仍然是非常值得敬佩的。赵括很不幸,在这场决定历史走向的大战里,他没能扭转局势,而是被无情碾碎。这是他个人的不幸,也是赵国的不幸,却是历史车轮无法扭转的走向。

长平之战胜利以后,秦军多路出击攻打赵国,占领了更多土地,甚至想一鼓作气灭掉赵国。赵国和韩国决定争取和谈,就派人带着厚礼到秦国做丞相范雎的工作。范雎得了两国的好处,建议秦王接受议和,最终韩国、赵国通过割让一部分土地给秦国达成了和议,战争暂时告一段落。一百多年后,汉代历史学家司马迁在《史记》里说:用土地来讨好秦国就像抱着木柴去救火,木柴不烧完,那火是不会熄灭的。道理虽然是这样,但形势比人强,韩国和赵国也没有别的办法,和平只能维持一时是一时,毕竟只有在和平的环境里,大部分普通人才能安心耕种、居有定所。秦国在长平之战取得了全面胜利,把六国中最强大的对手彻底摧毁,一统天下的形势已经无法逆转。争斗不休、互相兼并的战国时代即将结束,仅仅四十年后,开辟了新历史的大秦帝国诞生了。

陕西咸阳白起墓

夏商周大事年表

公历(年)	重要事件
约前 2070	禹建立夏朝
约前 1600	汤建立商朝
约前 1046	武王伐纣，建立周朝
前 841 年	国人暴动，周厉王逃走，周公和召公共同执政
前 771	犬戎攻入镐京，西周灭亡
前 770	周平王迁都洛邑，周王室衰弱，齐、秦、楚国逐渐强大
前 685	齐桓公归国争位，被立为齐君，任用管仲为相
前 679	晋曲沃武公（晋文公的祖父）获周王室承认，取代晋成为诸侯
前 651	齐桓公在葵丘会盟，获得霸主地位
前 643	齐桓公去世，五子争位，次子孝公立
前 638	宋襄公在泓水之战大败于楚军，次年去世，霸业未成
前 636	重耳被立为晋君，即晋文公，时年 62 岁
前 632	城濮之战，晋国大败楚军，通过践土之盟确立了霸权

(续表)

公历(年)	重要事件
前 627	秦晋崤之战,晋国取得大胜
前 624	秦穆公征讨晋国,晋国不敢迎战,秦穆公正式称霸
前 613	楚庄王即位
前 607	楚庄王实力强大,饮马黄河,问鼎中原
前 597	楚国攻打郑国,晋国来救被打败,楚庄王称霸
前 571	老子出生
前 551	孔子出生
前 548	齐国崔仔杀齐庄公
前 514	吴国公子光(夫差之父阖闾)派专诸刺杀吴王僚,自立为王
前 500	孔子担任鲁国相
前 496	越王勾践即位;吴王阖闾攻越,兵败而死,夫差继位
前 494	夫差大败越国,勾践暂时投降并谋划复仇
前 482	吴王夫差在黄池之会和晋国争当盟主,勾践攻破吴国都城
前 481	田常杀齐简公,田氏实际掌握了齐国政权
前 479	孔子去世
前 453	赵、韩、魏三家灭智伯,瓜分其领地
前 473	越王勾践攻灭吴国,复仇雪耻
前 403	周天子正式承认赵、韩、魏三家为诸侯,此后进入战国
前 386	田和自立为国君,并被周王册命为齐侯
前 384	秦献公即位,秦国势力逐渐强大
前 376	赵、韩、魏三家灭晋,瓜分其领地
前 359	秦国开始商鞅变法
前 350	秦国迁都咸阳
前 353	齐国围魏救赵,桂陵之战大败魏军

(续表)

公历(年)	重要事件
前341	马陵之战,齐孙膑大破魏军,魏国从此衰落
前318	楚、赵、魏、韩、燕共同攻打秦国,被秦军打败
前307	赵武灵王推行胡服骑射改革,赵国成为强国
前299	楚怀王被秦国扣留,后死在秦国
前288	秦称西帝,齐称东帝,不久又去帝号
前270	秦伐赵,被赵奢率军击败
前256	秦昭王灭西周君
前260	长平之战,赵国四十五万大军被秦军歼灭
前246	秦王嬴政即位,即日后的秦始皇
前228	秦军攻克邯郸,灭赵国
前225	秦军攻克大梁,灭魏国
前223	秦军俘虏楚王负刍,灭楚国
前221	秦灭齐国,吞并六国,战国结束

图书在版编目(CIP)数据

少年简读中国史. 夏商周 / 时萧著. —— 2 版. —— 南京：南京大学出版社，2024.6
ISBN 978-7-305-26984-4

Ⅰ. ①少… Ⅱ. ①时… Ⅲ. ①中国历史－三代时期－少年读物 Ⅳ. ①K209

中国国家版本馆 CIP 数据核字(2023)第 091403 号

出版发行	南京大学出版社
社　　址	南京市汉口路 22 号　　邮　编　210093
书　　名	**少年简读中国史·夏商周** SHAONIAN JIANDU ZHONGGUOSHI · XIA-SHANG-ZHOU
著　　者	时　萧
责任编辑	王　静　　　　　编辑热线　025-83593963
项目策划	王　静　王　俊　　装帧设计　陆思洋
摄　　影	王　腾　陆思洋　　插　　画　蒋汉珺
照　　排	南京南琳图文制作有限公司
印　　刷	南京凯德印刷有限公司
开　　本	787 mm×1092 mm　1/16 开　印张 8.25　字数 95 千
版　　次	2024 年 6 月第 2 版　2024 年 6 月第 1 次印刷
ISBN	978-7-305-26984-4
定　　价	29.80 元

网址：http://www.njupco.com
官方微博：http://weibo.com/njupco
官方微信号：njupress
销售咨询热线：(025) 83594756

* 版权所有，侵权必究
* 凡购买南大版图书，如有印装质量问题，请与所购
　图书销售部门联系调换